Integración del Ciclo Vital
(Lifespan Integration)

Conectando los Estados del Ego a través del Tiempo

Peggy Pace

EIRENE IMPRINT

Para Aaron y Roslyn,
que me enseñaron cómo conversar con los niños
y la mayor parte de lo que sé sobre el desarrollo infantil

En memoria de mi padre
Dr. William Roby Pace Jr.
Que me animó a pensar por mí misma
y me infundió el entusiasmo por el aprendizaje

Título Original: *Lifespan Integration, Connecting Ego States Through Time.*

"El ser humano es parte de un todo llamado Universo, una parte limitada en el tiempo y el espacio. Él se experimenta a sí mismo, sus pensamientos y sentimientos, como algo separado del resto… un tipo de ilusión de su conciencia. Esta ilusión es como una prisión para nosotros, restringiéndonos a nuestros deseos personales y a los afectos hacia algunas pocas personas cercanas. Nuestra tarea debería ser liberarnos de esta prisión ampliando nuestro círculo de compasión para abrazar a todas las criaturas vivientes y a toda la naturaleza en su auténtica belleza".

Albert Einstein

ÍNDICE

Agradecimientos

Quiero dar un agradecimiento especial a mis clientes, sin los cuales nunca hubiese podido desarrollar Integración del Ciclo Vital (Lifespan Integration). Su constante disponibilidad para permitirme ensayar nuevas ideas y métodos en su terapia, así como para contestar la miríada de preguntas acerca de lo que funcionaba y lo que no, me ha servido de guía, a lo largo de los años, para el método (esbozado en este libro) que uso actualmente.

Quiero agradecer a los múltiples profesores, sanadores, curadores energéticos y videntes que trabajan de forma sinérgica e incansable desde diferentes ángulos para curar a nuestro planeta y sus habitantes. En particular, quiero agradecer a mis amigos personales y curadores energéticos: Darlene Gray y Charlene Christian. Cuando, con el desconocimiento de Dar y Char, comencé a usar Integración del Ciclo Vital para tratar a algunos de los clientes que compartíamos, estas sabias hermanas "vieron" los cambios energéticos que ICV estaba produciendo en nuestros clientes comunes. Su entusiasmo acerca del nuevo trabajo que estaba haciendo fue una confirmación muy bien recibida en las primeras fases del desarrollo de ICV.

Dirijo un agradecimiento de corazón a mi colega y amiga, Catherine Thorpe, que me ha sido de extraordinaria ayuda en el proceso de dar a conocer al público la Integración del Ciclo Vital. Catherine fue la primera terapeuta que formé en mi nuevo método y compartir su entusiasmo me ayudó a tomar conciencia de la importancia de escribir este libro y de poner a disposición de otros terapeutas, por todo el mundo, el método de ICV. Catherine aportó a ICV el nombre tan apropiado que lleva: Integración del Ciclo Vital y, lo que es más importante, ella ha practicado con gran pericia el protocolo de Integración del Ciclo Vital conmigo, permitiéndome experimentar en primera persona la terapia que estaba desarrollando, tal y como la estaba desarrollando.

Quisiera igualmente expresar mi agradecimiento a Michael Berni por adiestrarme en la teoría de sistemas y a Richard Christy por compartir conmigo sus percepciones y su experiencia en EMDR.

Quiero expresar la gran deuda que siento hacia todos los portentos de la informática, pasados y presentes, que emplean sus días en hacer mi vida más fácil y un mundo más accesible. Apenas puedo imaginar lo extraordinariamente difícil que hubiera sido para mí haber intentado escribir este libro con bolígrafo o máquina de escribir y sin los recursos de Internet. Me siento muy afortunada por vivir en una era en la que uno puede mágicamente cortar y pegar, dar forma, crear gráficos, o borrar, simplemente haciendo un clic en el ratón. También agradezco a la ciencia informática y a la llegada de Internet que, sin importar cuán lejos de la "civilización" haya elegido vivir, puedo solicitar cualquier libro que necesite o investigar casi sobre cualquier asunto directamente desde mi portátil. Muchas gracias a todos los genios de la informática.

Prólogo a la 5ª Edición Española
2004-2014. Diez años de ICV en España

Me siento muy afortunada de poder sacar adelante esta 5º edición (¡5º ya!) del libro de Peggy Pace. Cuando la ICV se cruzó en mi camino yo ya contaba con una cierta veteranía en el mundo de la psicoterapia y me había batido con la patología y el dolor de muchas personas. De un modo natural, sucedió que los clientes que llegaban a mí arrastraban traumas vitales desde la infancia, así que me fui especializando en psicotraumatología y disociación.

Siempre a la búsqueda de nuevas y mejores herramientas, tuve la suerte de asistir al primer curso sobre ICV que Peggy Pace impartió en España en el año 2004. Enseguida supe que había dado con una herramienta diferente que me calzaba como un guante. Amable y profunda, sistemática y precisa, la posición terapéutica desde la que funciona la ICV no es otra que la escucha amorosa, neutral, compasiva y libre de juicios que yo, cada vez más, entendía como la única posible para sanar. Aplicando la ICV descubrí que las personas que arrastraban traumas profundos realmente se sanaban. No sólo dejaban de sufrir, sino que se transformaban sustancialmente, como sólo el bienestar y la liberación de mecanismos extremos de defensa pueden transformar. El Ser/Self/Sí mismo, la esencia profunda de la persona podía brillar y expresarse, en muchas ocasiones, por primera vez.

Poco a poco, sin darme cuenta, fui abandonando casi por completo otras técnicas que me habían acompañado hasta ese momento y la ICV se convirtió en mi herramienta principal. La "columna vertebral" de mi terapia, como suelo presentarla a mis pacientes. Poco a poco, también, me fui sintiendo más cómoda con el término sanadora que con cualquier otro. Hice mi propio proceso terapéutico con ICV y me convertí en consultora y organizadora de los cursos de formación. Al cabo de algunos años, he acabado siendo formadora y divulgadora de esta técnica.

ICV trabaja para lograr en la persona la sanación e integración de las partes heridas y para un funcionamiento óptimo y global en el que ambos hemisferios, con sus procesamientos digital y analógico, estén coordinados.

Como técnica, también la ICV funciona desde un abordaje integrador en el que el terapeuta deberá coordinar ambos hemisferios: la presencia enraizada en el presente, abierta y empática del hemisferio derecho junto con el conocimiento teórico del trauma, la disociación y la neurociencia que es ámbito del hemisferio izquierdo. El/la terapeuta, por tanto, requiere de un entrenamiento específico para poder sacar el máximo partido de la ICV y aplicarla exitosamente. Siempre funciona, pero su máximo resultado sucede cuando quien lo aplica puede trabajar así.

Desde el 2004 hasta el presente, hay una historia de la ICV en España. En ella, Yolanda Calvo tiene un papel principal. Yolanda descubrió a Peggy Pace antes que nadie en España y se encargó de traerla las dos veces que vino a nuestro país, así como de la formación, traducción y difusión del material de ICV hasta el 2013. Su inagotable dedicación, así como su comprensión profunda de la técnica, nos ha permitido crecer a todos los demás. Tras 10 años de trabajo arduo dando a conocer desde cero esta técnica terapéutica, Yolanda ha sentido que necesitaba su tiempo para otros proyectos y me ha pasado el testigo de esta labor, tras recibir el beneplácito de Peggy. Vaya desde aquí mi agradecimiento profundo a Yolanda por su dedicación, generosidad y paciencia.

Agradezco también a Beatriz Rivera, terapeuta ICV, que se encargó de la traducción de las novedades de esta última edición, así como de otros textos.

Y, por último, mi eterno agradecimiento a Peggy Pace por crear esta técnica poderosa y compasiva. Por ser tan solícita y estar siempre dispuesta a atender mis dudas o consultas, al tiempo que me demuestra una confianza plena al darme plena libertad para mis iniciativas.

A ella y a mis pacientes -mis verdaderos maestros- gracias por enseñarme a confiar en mi corazón.

Verano de 2014.

Andrea Märtens Alfaro

Psicóloga   Instructora acreditada ICV

> Para hallar el origen de algo,
> remonta su rastro hasta la fuente.
> cuando reconozcas a los hijos
> y encuentres a la madre,
> estarás libre de pena.
> (Poema 52 del Tao Te Ching)

Mi amiga y colega Peggy Pace y yo, viajamos juntas a un seminario de psicoterapia que tuvo lugar en las bellas islas San Juan de la Columbia británica en Canadá. La tarde anterior viajando hacia el seminario, Peggy me preguntó si quería experimentar un nuevo método de terapia que había desarrollado ella misma. Cuando accedí, me pidió que recordara una experiencia de mi vida que quisiera sanar. Me enfoqué en una memoria dolorosa de mi adolescencia, reactivando las emociones, imágenes y sensaciones físicas de esa dificultosa experiencia temprana. Entonces, Peggy me guió a través de una línea del tiempo cronológica de recuerdos reales de mi vida, empezando justo después del recuerdo difícil y terminando en el presente. Lo repetimos varias veces. Al cabo de una hora más o menos, los miedos, los dolores de cabeza y las sensaciones físicas asociadas con la experiencia traumática, habían desaparecido.

Tras el seminario de dos días, mientras volvíamos a Seattle a través de Puget Sound en el ferry, Peggy y yo discutimos el nuevo método que ella desarrolló. Peggy me contó que había estado usando el mismo método con sus clientes y que ellos también notaron cambios significativos tras varias repeticiones de su línea del tiempo. Cuando nuestra conversación avanzó, Peggy me preguntó "¿Cómo deberíamos llamar a esta terapia? Yo sugerí: "Integración del Ciclo Vital" (Lifespan integration en el original). Peggy respondió, estoy de acuerdo, y podríamos usar las siglas ICV (LI en el original).

Miramos a través de la ventana del ferry y vimos a un grupo de delfines blancos saltando en el aire a ambos lados del bote. Algo formidable había comenzado.

Hoy día la Integración del Ciclo Vital es enseñada en muchos países alrededor del mundo. El conocimiento de la ICV se ha extendido rápidamente gracias a que terapeutas recién entrenados relataban a sus colegas acerca de sus éxitos usando ICV para tratar el trauma, conflictos emocionales, trastornos disociativos y muchas otras preocupaciones que los clientes traen a terapia. Los terapeutas ICV alrededor del mundo encuentran que la gente cambia de manera intensa y profunda tras haber experimentado el nuevo método de terapia de Peggy Pace.

Con ICV, hemos encontrado de manera consistente que los pacientes sienten alivio a su sufrimiento sin ser re-traumatizados, aun cuando estamos abordando recuerdos muy dolorosos. La combinación de recordar una escena dolorosa y las repeticiones de la línea del tiempo, alivia el sufrimiento de loa clientes sin sobreactivarlos. Además, los terapeutas no sufren traumatizaciones vicarias al aplicar la técnica. Personalmente, he oído cientos de historias muy duras, pero sólo tengo gratitud y admiración por el cambio que tiene lugar frente a mí en aproximadamente una hora de ICV.

Uno de mis resultados favoritos con Integración del Ciclo Vital es la información innata, orgánica que está disponible para los clientes cuando avanzan en el proceso de ICV. Invariablemente, cuando un terapeuta guía a un cliente a través de los pasos de ICV, no solamente desciende su malestar sino que, sino que se vuelven conscientes de información positiva y confiable en su interior. Dos ejemplos de mi práctica privada, acerca de esta consciencia que emerge: "Ahora entiendo que mi madre realmente me amaba, pero como joven de 18 años, no estaba preparada para cuidar a un bebé recién nacido." Y también: "Algo que siempre pensé es, mi culpa no fue completamente mi culpa. Circunstancias que no estaban bajo mi control causaron que las cosas malas que pasaron". Los clínicos han trabajado muy duro a lo largo de los años para inculcar este tipo de creencias en sus clientes. Nosotros descubrimos que brotan espontáneamente con ICV.

Hoy día disponemos de terapias que parecen transformar el cuerpo-mente del cliente. ICV es una de ellas. Con ella tenemos la oportunidad de ayudar a los pacientes a que hagan algo más que hablar acerca de sus problemas. Las personas que acuden a consejeros a menudo se sienten frustradas por el hecho de que algo de lo que han hablado muchas veces y, con frecuencia, a lo largo de muchos años, no ha cambiado hasta el punto que la persona necesitaría. A lo largo de los años que he estado usando ICV, no he tenido ningún cliente que volviera y me pidiera tratar el mismo conflicto del mismo modo que ya había sido abordado. ICV parece ser un método que trabaja en un nivel más profundo que la terapia verbal. Como los dos ejemplos anteriores muestran, vemos cómo los clientes cambian maneras ineficaces de pensar cuando son guiados a través del proceso de la Línea del Tiempo. Este es uno de los beneficios de la Integración del Ciclo Vital.

Peggy ha creado, desarrollado y refinado la ICV a lo largo de los últimos años. El trabajo que ella incluye en este texto es una compilación de su background científico, su comprensión de la neurociencia y neurobiología personal y su innovación. Observamos que Integración del Ciclo Vital parece incrementar la coherencia y mejora la capacidad general del cliente para comprometerse con la vida y las relaciones.

Gracias, Peggy.

Cathy Thorpe,
Abril 2015
Autora de "'The Success and Strategies of Lifespan Integration"

Introducción

La mente humana se desarrolla de forma interactiva en respuesta al ambiente durante la infancia temprana. En respuesta a un ambiente hostil se crean sistemas defensivos que continúan siendo operativos en el presente, en su mayor parte de forma inconsciente, incluso aunque ya no sean necesarios. En las primeras etapas del desarrollo humano, el Yo no está unificado sino que, más bien, hay muchos yoes o Estados del Yo que se desarrollan en respuesta a varias condiciones y circunstancias. Durante el proceso del desarrollo normal estos yoes o Estados del Yo son integrados. Todavía se está investigando cómo se produce esta integración, pero se cree que los múltiples yoes son conectados a través del tiempo y de los distintos contextos mediante la co-construcción de la narración autobiográfica entre los padres y el niño.

Cuando los niños crecen en un ambiente de trauma y/o desatención desarrollan muchos yoes y Estados del Yo diferentes. Cuando no hay suficiente apoyo parental y/o cuando al niño se le prohíbe hablar sobre los acontecimientos traumáticos que han experimentado, la co-construcción de la narración, que es necesaria para que se dé integración neuronal, no existe. Para estos individuos muchos yoes y Estados del Yo están sólo parcialmente integrados y acaban siendo mantenidos en sistemas neurológicos separados. El Trastorno de Identidad Disociativo se da cuando los niños han experimentado un trauma abrumador en ausencia del apoyo y protección de los adultos que le cuidan. En estos casos habrá insuficiente integración neuronal para la creación de un Yo unificado.

La disociación se da en un continuo en la población. Muchas personas no experimentan ni tienen un sentido coherente del yo a través del tiempo y, para ellos, esa sensación es normal. Los clientes que tienen pocos o ningún recuerdo de su infancia a menudo pertenecen a esta categoría. En mi trabajo del desarrollo y uso de la Integración del Ciclo Vital con mis clientes me he dado cuenta de lo generalizada que está la disociación en la población. Con el uso repetido de la Integración del Ciclo Vital, la persona se integra más y más e informa de que se siente más sólida por dentro, más adulta, más capaz y más competente.

Nuestros sistemas neurológicos están diseñados para alertarnos y protegernos de los peligros que podamos percibir. Los sistemas defensivos que creamos en nuestra infancia permanecen con nosotros, ya sean necesarios o no. Durante la Integración del Ciclo Vital (ICV) los viajes repetidos a través de la Línea del Tiempo de recuerdos e imágenes facilitan que el sistema neuronal del cliente se desvíe de las redes neurológicas defensivas arcaicas hacia la creación de nuevas redes más útiles y con mejor capacidad de adaptación. Lo que una niña de cinco años percibe como peligro, seguramente no presenta ningún problema para una persona de 40 años; sin embargo, la estructura defensiva diseñada por el sistema nervioso de la niña de cinco años puede seguir codificada y se activa más frecuentemente de lo que la adulta de cuarenta años es consciente. ICV es muy eficaz en su capacidad de rastrear directamente la estrategia defensiva arcaica, insertar información nueva y actual, y conectar el Estado del Ego asociado (la red neuronal) con el sistema operativo actual, el Yo Adulto del cliente. La persona es, entonces, conducida a través de la Línea del Tiempo de recuerdos e imágenes que integra el Estado del Ego (red neuronal) con el Sistema del Yo global. Los clientes a menudo quieren evitar pasar por ciertos períodos o recuerdos debido a la carga emocional asociada y, a veces, debido al dolor físico. Es importante explicarles que el ir a través de la Línea del Tiempo de imágenes permite "conectar los puntos" que crearán, finalmente, un dibujo completo del Yo integrado.

He encontrado que el duelo sin resolver y la incapacidad de dejar atrás el pasado y de avanzar hacia delante está en la raíz de gran parte de la angustia que he visto en mis clientes en sus vidas actuales. A menudo la integración de la parte infantil escindida no puede realizarse hasta que la persona está preparada o es capaz de dejar algo en el pasado. Cuando se utiliza el método de Integración del Ciclo Vital para avanzar desde el recuerdo del pasado, enseguida se hace evidente cualquier resistencia al avance. El Yo Adulto del cliente se conecta y dialoga con el Estado del Ego Infantil a través de todo el proceso y puede ayudar al niño, a través de un diálogo interno, para que le cuente qué es lo que le mantiene atascado en el pasado. El Estado del Ego Infantil puede sentir que necesita permanecer en el pasado para cuidar de hermanos o de un padre. O, quizás, el niño del pasado está aún luchando para conseguir algo de uno de los padres, como amor, aprobación o atención. Algunas veces es necesario traer recursos en la imaginación a la escena del pasado antes de que el Yo Infantil esté preparado para dejar el pasado atrás y avanzar al presente.

Es importante dejar claro que "quedarse en el pasado" ya no es una opción real para los Estados del Ego o "Partes del Yo" si queremos que haya curación. Si un Estado del Ego escoge permanecer en el pasado, esa parte del Sistema del Yo permanecerá congelada en el tiempo y no se integrará en el Sistema Global del Yo. Las Partes que no se integran permanecen fuera del control del Yo; actúan de forma independiente, poco útil y no sirven de ayuda para el Sistema Global del Yo. En muchos casos su actuación puede ser autodestructiva. Una vez que esto se ha entendido completamente, las personas estarán dispuestas a continuar el diálogo y a negociar con sus Estados del Ego Infantiles que están estancados en marcos temporales del pasado y que son resistentes a avanzar en el tiempo.

Cuando un Estado del Ego Infantil se resiste a la integración, instruyo al cliente adulto para que le diga al niño interior que el pasado ya no existe y que sólo es un recuerdo, que ahora el niño realmente vive en el presente con el adulto. Entonces hago que el cliente adulto viaje a través de la Línea del Tiempo de recuerdos e imágenes desde la edad de la parte infantil atascada, hasta el presente. El Estado del Ego Infantil y el cliente adulto usan el mismo cerebro y el mismo córtex visual, por lo tanto, el Yo Infantil también "verá" estos recuerdos e imágenes cronológicas que le muestra la adulta, esté dispuesta a cooperar o no. Después de llegar al presente a través de la Línea del Tiempo instruyo a la persona adulta para que regrese a la escena de ese recuerdo y vuelva a comenzar el diálogo interno con el Estado del Ego Infantil. Una vez que ha visto con las imágenes que el tiempo ha pasado, la parte infantil estará ahora parcialmente integrada y estará más dispuesta a cooperar. Si el Estado del Ego Infantil continúa mostrándose resistente al proceso, simplemente repito la Línea del Tiempo tantas veces como sea necesario. De forma espontánea, con cada repetición, surgirán nuevos recuerdos o imágenes o unos aspectos o detalles nuevos de los mismos recuerdos. Después de una cantidad de repeticiones suficiente de la Línea del Tiempo de imágenes, normalmente de tres a cinco repeticiones, la parte infantil está completamente integrada dentro del Sistema Global del Yo.

Durante muchos años como terapeuta he luchado con una pregunta: "¿Qué es lo que hace que sea tan difícil para mucha gente dejar el pasado atrás?" La terapia cognitiva nos puede dar una comprensión y herramientas para cambiar los patrones disfuncionales, sin embargo, ciertas condiciones o circunstancias familiares pueden hacer que volvamos a estados emocionales y conductas más primitivas, incluso aunque realmente sepamos hacerlo mejor. Las técnicas terapéuticas jungianas, como el trabajo con los sueños y la Imaginación Activa ayudan a progresar a un nivel emocional, pero estos tipos de terapia son a muy largo plazo y no son posibles económicamente para muchos clientes. Con el procesamiento de los traumas con EMDR, mucha gente puede realmente abandonar "viejos conflictos" o "equipaje" de su pasado. Sin embargo, el EMDR no funciona con todo el mundo. Se advierte de no utilizar EMDR con clientes que se disocian y que, si hacemos EMDR con personas disociadas corremos el riesgo de que se produzca una reacción disociativa ante el material que se ha activado en el proceso. Al trabajar con personas que están aún más disociadas, éstas pueden, durante la sesión de EMDR, "cambiar" a otro Estado del Ego separado de tal manera que un mismo estado no estará presente el tiempo suficiente que le permita terminar el trabajo que ha comenzado. El proceso de EMDR también se puede ver interrumpido cuando una persona con baja tolerancia se siente abrumada por su emoción y se "desborda". Si esto ocurre el procesamiento con EMDR queda incompleto y es necesario contener la emoción que se ha activado durante la sesión.

Muchas personas que han sufrido trauma o desatención durante la infancia tienen recuerdos limitados de la misma. Estas personas tienden a disociarse. A menudo se muestran crónicamente ansiosas o depresivas, y estas emociones negativas se pueden disparar por recuerdos sensoriales o corporales implícitos. Otras personas que sí tienen recuerdos de los traumas de su infancia se desbordan fácilmente con emoción. Muchas personas que han sufrido trauma en su infancia han desarrollado mecanismos elaborados que las ayudan a evitar que ese malestar emocional se dispare, pero estos mismos mecanismos a menudo interfieren de forma significativa en su capacidad para llevar una vida normal. La Integración del Ciclo Vital fue desarrollada originalmente para ayudar a adultos que fueron traumatizados o desatendidos durante su infancia, sin embargo, ICV ha demostrado ser muy eficaz con clientes de todas las edades.

Cuando se utiliza el método de Integración del Ciclo Vital se puede ver el tiempo como algo fluido en ambas direcciones. El Yo actual puede viajar atrás en el tiempo y visitar las Partes del Yo que están retenidas o congeladas en el pasado. De la misma forma, los yoes del pasado pueden viajar en el tiempo hasta el presente e integrarse en el Sistema del Yo. Para ayudar a la parte del Yo en el pasado, se le puede aportar información actual y seguridad, que será ofrecida por una parte parental cuidadora del Yo, dándole así en el pasado los recursos que no tuvo en su día. Los Estados del Ego más jóvenes que han sido aislados en un marco temporal del pasado a menudo tienen cualidades que ofrecer que pueden ser beneficiosas para el Yo en el presente. Según se va dando integración neuronal con el uso de la terapia de Integración del Ciclo Vital, los recursos tanto del pasado como del presente se hacen más y más disponibles para el Sistema Global del Yo.

Antes del siglo XX las familias y las comunidades eran relativamente estables. Antes de que los trenes, coches y aviones entraran a formar parte de nuestras vidas, los seres humanos vivían toda su vida cerca de familias extensas. Con sólo caballos y barcos para el transporte, solamente las personas más aventureras hacían las maletas y viajaban a otra parte o a otro país, lejos de los padres, los hermanos, los abuelos, tíos, primos y amigos. El trauma, la pérdida y la desatención han sido intrusiones desafortunadas en la vida de los niños a lo largo de la historia, sin embargo, hasta hace poco la mayoría de los niños tenían el beneficio de vivir en un sistema familiar extenso o en una tribu. Dentro del ambiente de estas familias extensas los niños tenían muchos adultos que los conocían y que les podían ayudar a dar sentido a sus experiencias.

Crecer dentro de un sistema familiar extendido también le daba al niño la continuidad en el tiempo y en el lugar necesario para la co-construcción de sus narraciones autobiográficas. La antropología cultural nos enseña que contar las historias de la tribu y de las personas de la tribu ha sido importante a través de las culturas y de la historia. Para las generaciones previas la co-construcción de estas narraciones de la vida era una parte integral de la vida familiar y tribal. En los tiempos modernos, debido a los cambios culturales y sociológicos recientes, los niños son a menudo educados en ambientes en los que falta la continuidad en el tiempo y en el lugar. La falta de continuidad en nuestras vidas hoy, es reflejada en los problemas psicológicos que vemos en nuestros clientes, amigos, familiares y en nosotros mismos. Integración del Ciclo Vital, a través de la Línea del Tiempo de recuerdos e imágenes, ofrece un método para restaurar parte de lo que se ha perdido.

Los siguientes capítulos describen con más detalle cómo se puede utilizar la Integración del Ciclo Vital para sanar traumas del pasado y para conseguir un Sistema del Yo más coherente y con mejor funcionamiento en el presente. Integración del Ciclo Vital es un método nuevo y revolucionario que cura al reestructurar e integrar sistemas neuronales del cuerpo-mente. Para poder realizar esta reestructuración, el sistema del cliente debe primero desorganizarse y después reorganizarse. El terapeuta que intente utilizar este método sin un entrenamiento adecuado corre el riesgo de desequilibrar el Sistema del Yo frágil de un cliente. Se consiguen mejores resultados con ICV cuando el terapeuta es coherente y está emocional y energéticamente presente. Los terapeutas que hayan realizado su propio trabajo de sanación de su cuerpo-mente serán más capaces de estar presentes con el cliente para contener el material emocional que surge durante el procesamiento con ICV. Se aconseja a los terapeutas, psicólogos y psiquiatras que deseen utilizar este nuevo método que acudan a un curso de Integración del Ciclo Vital. En los cursos, los profesionales de la salud mental pueden ver sesiones de Integración del Ciclo Vital en vivo y en DVD, y pueden practicar y experimentar LI bajo supervisión. Para consultar fechas y lugares de los próximos cursos en España visitar *http://www.integraciondelciclovital.com*

Capítulo Uno
Aplicaciones de la Integración del Ciclo Vital (ICV)

Integración del Ciclo Vital, como su propio nombre indica, es una nueva terapia que integra estructuras neuronales y patrones de disparo a través del cuerpo-mente y a lo largo del ciclo vital. Integración del Ciclo Vital puede ser utilizado para limpiar trauma o para construir la estructura del Yo o ambas, dependiendo de la historia y necesidad del cliente. Las repeticiones de la Línea del Tiempo visual y sensorial son exclusivas de todos los protocolos de ICV.

La aplicación más espectacular de la terapia de Integración del Ciclo Vital puede observarse en la limpieza del pasado o de traumas recientes con el Protocolo de ICV para TEPT Trastorno del Estrés Postraumático. Incluso los casos más refractarios de TEPT ser resuelven tras una o dos sesiones de ICV. Un individuo que estaba adaptado y que era capaz de moverse en el mundo antes de un evento traumático, será capaz de volver a su funcionamiento normal inmediatamente después de una o dos sesiones de ICV enfocadas en el evento traumático. Cualquier síntoma de TEPT, incluidas las pesadillas, intrusiones y flashbacks relacionados con el evento traumático, cesarán. Los resultados son estables. La calidad de vida continúa mejorando a lo largo del tiempo después de haber limpiado un evento traumático con ICV.

ICV también puede utilizarse para ayudar a los clientes a superar los efectos de trauma temprano, abandono y desatención. Los individuos cuyas necesidades tempranas no fueron satisfechas y aquellos que vivieron en ambientes tempranos caóticos, inconsistentes u hostiles, necesitarán muchas más sesiones de terapia de Integración del Ciclo Vital que aquellos clientes con apego seguro y que funcionaban mejor antes del incidente traumático. Los individuos que experimentaron trauma temprano o abandono se beneficiarán más de los protocolos de ICV que construyen la estructura del yo, cambian los patrones de apego y mejoran la regulación emocional.

El apego seguro en humanos es construido, desde el nacimiento, a través de un proceso interactivo entre los padres y el niño. Un padre con apego seguro es capaz de satisfacer las necesidades de apego tempranas de su hija recién nacida. Una niña que es querida y cuidada comprenderá, en un nivel profundo, que ella es importante, querible y valiosa, y se convertirá en una adulta con apego seguro. Los bebés humanos nacen en un estado muy vulnerable e incompleto, con un sistema nervioso aún por desarrollar. Los bebés recién nacidos están "diseñados" para estar en constante contacto con sus madres. Los padres y madres que tienen sus propias necesidades tempranas satisfechas, generalmente serán capaces de ofrecer a sus hijos ambientes que sean física y emocionalmente propicios para un desarrollo y crecimiento óptimos. Una madre con apego seguro es capaz de mantenerse sintonizada con su hijo. Esta sintonización permite al sistema nervioso aún en formación del niño, "descargarse" e internalizar las estructuras neuronales necesarias para la regulación emocional y el amor a sí mismo. Este proceso interactivo continúa los primeros cinco años de vida del niño, mientras el sistema nervioso se desarrolla.

La regulación emocional es "aprendida" en la díada parental-infantil. La madre sintonizada sostiene a su hija dentro de un rango tolerable de emociones. Al final la niña en desarrollo internaliza esta capacidad. Los padres que no son capaces de regular sus propias emociones no son capaces de estabilizar y regular las emociones de sus bebés. Así mismo, los padres con apego inseguro transmitirán involuntariamente su estilo de apego inseguro a sus hijos. Incluso un padre responsable y con buenas intenciones, si tiene apego inseguro, carecerá de la coherencia necesaria para proporcionar una estructura del yo sólida y segura en su hijo o hija. Además, cuando los bebés y niños pequeños experimentan trauma temprano o desatención sin el apoyo de unos cuidadores sensibles y protectores, serán incapaces de integrar algunos segmentos de la experiencia. Sin una narración autobiográfica coherente, estos individuos crecerán sin un sólido sentido del yo. La fragmentación resultante puede, más adelante, ser diagnosticada como Trastorno de Identidad Disociativo (TID) o Trastorno de Identidad Disociativo no Especificado (TIDNE).

La terapia de Integración del Ciclo Vital puede utilizarse para ayudar a un cliente a construir una estructura del yo más sólida y a aprender a regular la emoción. A diferencia de las terapias de hablar, que involucran sobre todo al hemisferio izquierdo, tanto del cliente como del terapeuta, Integración del Ciclo Vital está basada en el cuerpo. Cuando ICV es utilizada correctamente hay un intercambio de energía e información entre los hemisferios derechos y los sistemas cuerpo-mente del terapeuta y el cliente. Durante el Protocolo de Vinculación de ICV, este intercambio está diseñado para replicar y sustituir el intercambio que debería haber sucedido en el cliente dentro de la díada madre-hijo desde el momento del nacimiento. En la relación cliente-terapeuta se generan estados emocionales positivos y novedosos, que son integrados mientras el cliente ve la "película" de su vida desde su infancia hasta llegar al presente. La conexión cerebro derecho a cerebro derecho se mantiene entre cliente y terapeuta a través de este trabajo de re-parentización. El éxito de este "re-cableado" depende de la coherencia interna del terapeuta de la misma manera que el estilo de apego infantil es determinado por la coherencia de la madre, su habilidad para conectarse con su hijo y su habilidad para autoregularse.

Después de la terapia de Integración del Ciclo Vital, las personas se ven a sí mismas reaccionando espontáneamente a situaciones estresantes del presente de manera más apropiada a su edad. Los individuos que comienzan la terapia de ICV con huecos de memoria son finalmente capaces de conectar las piezas de sus vidas en una totalidad coherente. Los clientes que completan la terapia de Integración del Ciclo Vital informan de que se sienten mejor en relación a sus vidas, se aceptan más a sí mismos y son más capaces de disfrutar de sus relaciones íntimas.

Capítulo Dos

Bases Neurobiológicas de Integración del Ciclo Vital

La investigación del desarrollo del cerebro infantil ha demostrado que algunos de los factores necesarios más importantes para la integración neuronal en el niño son:

- Una relación recíproca y sensible entre adulto y niño.
- Un intercambio de energía y de información entre las mentes del padre o madre y del niño.
- La co-construcción de la narración autobiográfica del niño, y
- El establecimiento en la mente infantil de un mapa interno del yo a través del espacio y del tiempo.

La experiencia de los terapeutas usando la terapia Integración del Ciclo Vital a lo largo de los últimos diez años, nos ha demostrado que la recreación de estas condiciones en el marco terapéutico, fomenta la integración neuronal en los clientes adultos. Pascual-Leone y otros han demostrado que el cerebro no diferencia entre la experiencia real y la imaginada. Nuestra experiencia clínica nos indica que cuando las condiciones anteriores son adecuadamente satisfechas en la etapa adulta, a través de la experiencia imaginada, el desarrollo neuronal que se vio interrumpido y ha quedado incompleto debido al trauma o la desatención en la infancia, se puede restaurar o completar.

Efectos del Trauma en el Desarrollo Neuronal Temprano
El desarrollo neuronal es un proceso interactivo entre el padre y el hijo. Siegel (1999) nos dice que "la mente humana emerge a partir de patrones de flujo de energía e información dentro del cerebro y entre cerebros" (página 2). Schore (1994) habla de la importancia de la díada cuidador-niño en la que el cuidador adulto regula los estados emocionales del niño durante los períodos críticos del desarrollo, hasta que el niño llega a ser capaz de regularse por sí mismo. Para un desarrollo neuronal óptimo en el período de lactancia y en la infancia, es importante que los padres estén sintonizados con el niño y sean receptivos a sus estados y necesidades cambiantes. Cuando las circunstancias o los elementos estresantes externos impiden a un padre que dé las necesarias respuestas, receptivas y flexibles, para los estados y necesidades cambiantes de su

hijo en desarrollo; o cuando los padres son incapaces de regular sus propias emociones, el desarrollo neuronal del niño puede resultar perjudicado. "Los fallos de regulación emocional en la díada dan como resultado una psicopatología del desarrollo que subyace a varios tipos de trastornos psiquiátricos posteriores." (Schore, 1994, p. 33).

Durante el período de lactancia o durante la infancia el yo originalmente existe como una serie de Estados del Yo separados (Siegel, 1999). Cuando el desarrollo procede con normalidad estos Estados del Yo separados son integrados dentro de una percepción unificada del yo. "La mente integradora trata de crear una sensación de coherencia entre los múltiples yoes a través del tiempo y de los diferentes contextos." (Siegel 1999, página 315). La forma en que esto sucede no se entiende aún completamente, pero algunos neurobiólogos creen que implica la co-construcción de una narración autobiográfica entre el padre y el niño. "La co-construcción de narraciones conduce a la integración de cognición, afecto, sensación y conductas." (Cozolino, 2002, página 263).

Las dificultades con la tolerancia afectiva y con la regulación emocional pueden estar relacionadas con fracasos en la integración neuronal durante los distintos períodos del desarrollo. Schore (1994) sugiere que:

> La regulación externa a través de la madre de los sistemas emocionales en desarrollo, todavía inmaduros, del niño, durante períodos críticos concretos, puede representar el factor esencial que influya en el crecimiento de las áreas del cerebro que son dependientes de la experiencia, posiblemente implicadas en la regulación del Yo. (Páginas 31-32).

Schore continúa diciendo:

> El núcleo del Yo se apoya en patrones de regulación emocional que integran una percepción del Yo a través de los cambios de estado, permitiendo, por lo tanto, una continuidad de la experiencia interior. (p. 33).

Las experiencias traumáticas que impactan en la infancia durante el desarrollo temprano pueden tener efectos profundos y duraderos. Debido a que la mente se desarrolla de forma interactiva con el medio, un trauma en la infancia puede afectar a la forma en que el individuo verá el mundo el resto de su vida. La habilidad del padre o del cuidador adulto, para mediar en la experiencia del trauma, es crítica en la respuesta neurológica del niño al trauma.

Algunas experiencias de apego que están por debajo de un nivel óptimo, producen modelos de trabajo de apego múltiples e incoherentes y estados mentales arraigados e inflexibles que permanecen no integrados en el tiempo dentro de Estados del Yo especializados y potencialmente disfuncionales. (Siegel, 1999, p. 306)

Las experiencias traumáticas más dañinas son todas aquellas en las que el perpetrador es un miembro de la familia. Los niños a menudo se disocian durante los incidentes traumáticos y como adultos pueden no tener recuerdos explícitos de qué experimentaron siendo niños. Sin embargo, el trauma permanece almacenado en el cuerpo-mente como recuerdo implícito. Siegel (1999) escribe:

Con la disociación o con la prohibición de hablar con otros lo que se experimentó, como ocurre tan a menudo en el abuso familiar infantil, puede haber un bloqueo profundo en el camino hacia la consolidación del recuerdo. Las experiencias traumáticas sin resolver, desde esta perspectiva, pueden implicar un deterioro en el proceso de la consolidación cortical, lo cual deja los recuerdos de estos hechos fuera de la memoria permanente. Sin embargo, la persona puede tender a volver a experimentar, continuamente, imágenes implícitas molestas de los horrores pasados. (Página 52).

Ahora sabemos que la co-construcción de las narraciones autobiográficas es un componente importante de la integración neuronal. Cuando el niño o niña no tiene a nadie con quien hablar del (de los) incidente(s) traumático(s), lo más seguro es que, sin intervención, el recuerdo implícito del trauma sea guardado por un Estado del Ego separado a través de todo el Ciclo Vital. Cozolino (2002) apunta que:

Los abusos tempranos pueden, no solamente correlacionar con la falta de asistencia por parte de los cuidadores en la co-construcción de narraciones coherentes acerca del yo, sino también tener como resultado daños en las estructuras neuronales necesarias para organizar con cohesión las narraciones y la historia del yo, lo que persistirá en la vida adulta. (p. 256).

Hasta hace poco tiempo el punto de vista que prevalecía entre los neurocientíficos era que el cerebro se desarrollaba poco después de la concepción y continuaba haciéndolo durante la infancia. Se pensaba que una vez que este proceso de desarrollo estaba completo no podía haber más crecimiento sináptico y no había ninguna posibilidad de neurogénesis.

> Ahora no se pone en duda que el cerebro se remodela a sí mismo a lo largo de la vida y que mantiene la capacidad de cambiar como resultado, no sólo de factores experimentados de forma pasiva como ambientes enriquecidos, sino también en las conductas que mostramos (empezar a tocar el violín) y en la forma en que pensamos. (Schwartz y Begley, 2002, pp. 253-254)

Ahora hay una amplia evidencia de la plasticidad cerebral así como de la capacidad de la corteza cerebral de reorganizarse a sí misma. Las redes neuronales no son estáticas, sino dinámicas y cambiantes. Los cambios en nuestras experiencias correlacionan con cambios en nuestro circuito neuronal, aunque es más probable que se den cambios neuronales cuando estamos atentos a nuestra experiencia y cuando estamos emocionalmente implicados.

Los recuerdos implícitos afectan a los adultos en el presente

Los adultos que han experimentado o han sido testigos de hechos abrumadores y espantosos cuando eran niños, sin una protección adecuada ni un apoyo parental disponible, pueden no tener un recuerdo explícito de lo que les sucedió. Tendrán, sin embargo, recuerdos implícitos de esos hechos almacenados en sus sistemas cuerpo-mente. Cuando esos recuerdos implícitos son activados en el presente, la persona "recuerda", pero no tendrá ninguna conciencia de que está recordando algo. Junto con el recuerdo implícito experimenta impulsos para reaccionar de forma defensiva. Estos impulsos pueden ser experimentados de forma no consciente, es decir, fisiológica o somáticamente.

> El resultado para una víctima que disocia el procesamiento explícito del implícito, es un deterioro en la memoria autobiográfica de, al menos, ciertos aspectos del trauma. La memoria implícita del hecho está intacta e incluye molestos elementos, tales como conductas de evitación, reacciones emocionales, sensaciones corporales y desagradables imágenes relacionadas con el trauma. (Siegel, 1999, p. 51).

El modo en que los niños traumatizados interpretan lo que sucedió, es decir, el esquema mental que utilizan para dar sentido al trauma, puede ser a la larga mucho más destructivo para el sentido del Yo emergente de ese niño, que el trauma en sí mismo. La interpretación del niño depende de: 1) la edad y el estado del desarrollo del mismo en el momento traumático, 2) la cantidad de apoyo emocional y la información real disponible en el momento, o poco después del suceso traumático (normalmente por parte de un adulto cariñoso y que diera apoyo), lo que podría ayudar al niño/a a dar sentido a lo ocurrido.

> Las experiencias de apego tempranas organizan (en capas ocultas) esquemas perdurables, los cuales, a cambio, configuran nuestra experiencia con aquellos que nos rodean en toda nuestra vida. El grado de integración entre las redes neuronales verbales y emocionales determinará si llegamos a ser conscientes o no de nuestras emociones y si podemos ponerlas o no en palabras. (Cozolino, 2002, p. 162).

Sabemos que con trauma y TEPT, los Estados del Yo permanecen congelados en el momento del trauma. Cuando estos Estados son movilizados a través de la activación de los recuerdos implícitos, el individuo se siente como si estuviera volviendo a experimentar el trauma en el presente.

Gracias a investigaciones neurocientíficas recientes podemos tener una mejor comprensión del desarrollo neuronal temprano y de cómo diversos factores en la infancia pueden afectar al desarrollo de formas que, posteriormente, llevarán a problemas psicológicos. También tenemos nueva información disponible que nos dice que el cerebro continúa reorganizándose durante todo el ciclo vital. Este nuevo conocimiento supone nuevas oportunidades para los psicoterapeutas. Ahora podemos preguntarnos: "Cuando estamos trabajando con adultos que fueron traumatizados durante las etapas del desarrollo, ¿cómo les podemos ayudar mejor a reparar los sistemas neuronales que fueron dañados y a integrar redes neuronales que permanecen aisladas unas de otras?" Para responder a esta cuestión tiene sentido estudiar lo que se sabe hasta la fecha acerca de la integración neuronal durante el desarrollo. La integración neuronal es un rasgo importante del desarrollo y la falta de integración está en la raíz de un amplio espectro de problemas, incluyendo problemas en las relaciones, flexibilidad de respuesta, la habilidad para construir una narración autobiográfica coherente y la habilidad adecuada para ser padres. (Siegel, 1999).

Factores que contribuyen a la Integración Neuronal

Como mencionamos anteriormente, el Yo comienza como una serie de Estados del Yo separados. El cómo estos Estados del Yo separados llegan a ser un todo integrado es un tema de interés y especulación actual entre los neurocientíficos. A continuación se muestran algunos argumentos que resumen parcialmente el pensamiento más reciente en cuanto a la integración neuronal:

- "Algunos autores proponen que las áreas asociativas del neocórtex, tales como las regiones prefrontales (incluyendo el córtex orbitofrontal) que conectan varios procesos representacionales muy distribuidos, forman mapas globales dinámicos o representaciones complejas desde el input de regiones ampliamente distribuidas, para establecer una integración sensoriomotora del Yo a través del espacio y el tiempo." (Siegel, 1999, página 330).

- LeDoux (2002) propone que nuestros cerebros nos hacen quienes somos por la forma en que los "procesos sinápticos permiten que tengan lugar interacciones de cooperación entre varios sistemas cerebrales —que están implicados en estados particulares y experiencias— y que esas interacciones queden unidas en el tiempo." (p. 32).

- Damasio (1994) sugiere que nuestro sentido de una mente integrada es el resultado de varias redes neuronales que son sincronizadas a través de una "trampa de sincronización". "Si la actividad tiene lugar en regiones del cerebro separadas anatómicamente, pero si lo hace aproximadamente en la misma ventana temporal, entonces, es posible conectar las partes situadas entre bastidores, por así decirlo, y crear la impresión de que todo ocurrió en el mismo lugar." (Página 95).

- "La capacidad de auto-integración, como los procesos de la misma mente, es creada continuamente por la interacción de procesos neurofisiológicos internos y las relaciones interpersonales." (Siegel, 1999, p. 314).

- "Las narraciones co-construidas en un ambiente de apoyo emocional pueden aportar la matriz necesaria para la integración psicológica y neurológica que se requieren para evitar reacciones disociativas." (Cozolino, 2002, p. 264).

De acuerdo con los autores y pensadores anteriores, algunos de los ingredientes más importantes de la integración neuronal son:

- La creación de un mapa global del yo a través del espacio y el tiempo.
- La co-construcción de narraciones autobiográficas.
- Conectar los Estados del Yo a través del espacio y del tiempo dentro de una relación interpersonal que aporte apoyo emocional.
- Cooperación entre los sistemas cerebrales, implicados en distintos estados y experiencias, y conexión de estas interacciones a través del tiempo.

Más cambios bajo condiciones de Plasticidad Neuronal

La plasticidad neuronal es la condición que se da cuando muchas neuronas están disparando a la vez. Más neuronas disparando aumenta la probabilidad de que se den nuevos patrones de disparo sinápticos. Tanto los nuevos aprendizajes como los cambios en los viejos patrones son más probables bajo las condiciones de plasticidad neuronal.

Intervenir para ayudar a los Estados del Ego estancados en el Pasado

Durante el proceso de Integración del Ciclo Vital, la terapeuta tiende la mano al Estado del Ego Infantil en la escena del recuerdo (que está congelado en el pasado) a través del cliente adulto, quien mantiene éste y otros Estados del Ego como parte de su paisaje neuronal. La terapeuta instruye al cliente adulto para entrar en un diálogo interno con el Estado del Ego Infantil abordado. La terapeuta, a través del cliente adulto, da apoyo e información al Estado del Ego en el pasado, animando a este Estado Infantil del Ego a interpretar la experiencia pasada de acuerdo con la nueva información disponible. La conversación con el Estado del Ego Infantil es interactiva. Al preguntar al niño qué lo mantiene en el pasado y qué lo angustia, es posible descubrir cómo interpretó el suceso traumático, es decir, qué cogniciones negativas acerca de sí mismo puede estar manteniendo o qué le cuesta dejar atrás. La interacción con el Estado del Ego Infantil, puede también incluir visualizar cogerlo en brazos, mecerlo, o llevarlo a montar en bicicleta o de acampada.

La terapeuta estructura sus intervenciones con el niño del pasado basándose en su conocimiento del desarrollo infantil, su conocimiento del suceso traumático concreto que está siendo abordado, la historia familiar disponible del cliente adulto y la información (respuestas) que está recibiendo del Estado del Ego Infantil, tal y como se las transmite el cliente adulto. "La Vinculación y la construcción de funciones básicas apropiados a la edad, maximiza el crecimiento neuronal y la coherencia de las redes neuronales. Para el recién nacido esto puede estar reflejado en caricias y abrazos; a los 4 años, esto significa ayudarle a él o a ella a aprender a compartir con un hermano." (Cozolino, 2002, pp. 191-192). En el procesamiento de Integración del Ciclo Vital, esta Conversación Interna adaptada al estadio de desarrollo, y la interacción entre adulto y niño, seguido del "viaje" visual a través del tiempo hasta el presente, se repite normalmente de tres a cinco (o más) veces para cada Estado del Ego. Los detalles de la Conversación Interna y de la interacción en imaginación con el niño pueden variar durante las repeticiones, dependiendo de las respuestas que la terapeuta y el cliente adulto reciban del Estado del Ego Infantil.

Uso de la Visualización y de la Imaginación Activa

Integración del Ciclo Vital plantea la construcción de una narración autobiográfica a través del uso de imágenes más que a través del uso de una narración verbal. Además de construir el mapa del Yo a través del espacio y del tiempo, Integración del Ciclo Vital interviene en el pasado por medio de la Imaginación Activa para: 1) reparar experiencias vitales tempranas y 2) introducir la visualización de interacciones positivas con una figura de apego (el Yo Adulto). Reconstruyendo el pasado de esta manera pueden crearse cambios positivos y duraderos en el presente. LeDoux (2002) escribe:

> Si un pensamiento es incorporado como un patrón de transmisión sináptica dentro de una red de neuronas, como puede ser el caso, entonces es lógico razonar que la actividad cerebral que es un pensamiento puede influir en la actividad de otros sistemas cerebrales implicados en la percepción, motivación, movimiento, etc. Pero hay una conexión más que hacer. Si un pensamiento es un patrón de actividad cerebral en una red, no solamente puede provocar la activación de otra red, sino que puede causar que esa otra red cambie, que sea plástica. (p. 319).

Investigaciones realizadas en 1995 por Pascual-Leone demostraron que imaginar movimientos creaba cambios en las neuronas en el mismo grado que harían los movimientos físicos reales. "Como los movimientos reales y físicos, los movimientos imaginados disparan cambios sinápticos en el nivel cortical. Simplemente pensar en moverse producía cambios en el cerebro comparables a los producidos por moverse realmente." (Schwart y Begley, 2002, p. 217). La investigación reciente valida, así, lo que aquellos que hemos utilizado la visualización para sanar el trauma sabíamos de forma intuitiva y por nuestra experiencia trabajando con clientes. Las intervenciones con la imaginación en los traumas del pasado cambian el modo en que esos traumas afectan a las personas en el presente.

Las imágenes existen antes que las palabras y son las precursoras del lenguaje. (Damasio, 1994, pp. 106-107). "Las imágenes mentales y las sensaciones corporales son los pilares de la representación interna del Yo. La construcción de un espacio interior para el imaginario crea la posibilidad de perspectiva y empatía hacia los otros, así como hacia nosotros mismos." (Cozolino, 2002, p. 148). Las imágenes de la mente humana pueden ser comparadas con el sistema operativo de un ordenador o con un lenguaje básico. La habilidad de la mente para poner las imágenes en palabras puede ser comparada con un programa como el Word de Windows, que es capaz de desempeñar una función más compleja gracias a la ayuda del lenguaje básico subyacente del ordenador.

Importancia de la Repetición

Durante el procesamiento de la Integración del Ciclo Vital, la cliente se centra en sus emociones corporales según va trayendo imágenes de sí misma participando en escenas de su vida, año tras año, a través del tiempo. Cada repetición de la Línea del Tiempo de recuerdos e imágenes refuerza el sentido de sí misma a través del tiempo. Cada repetición también incorpora más y más recuerdos. Estas repeticiones de la Línea del Tiempo requieren múltiples y repetidos Cambios de Estado. Las repeticiones de transiciones de estado ayudan a organizar y estabilizar el Sistema del Yo. Las repeticiones de la Línea del Tiempo también ayudan a reforzar las conexiones sinápticas recientemente creadas, incrementando las oportunidades de que disparen en el mismo patrón una y otra vez. Schwart y Begley (2002) explican con detalle como tiene lugar el aprendizaje en el nivel sináptico:

La plasticidad hebbiana comienza con la liberación, desde las neuronas presinápticas, del neurotransmisor glutamato. El glutamato se une a dos tipos de receptores en la neurona postsináptica. Un receptor detecta que su propia neurona, la neurona postsináptica, está activa; el otro detecta qué neuronas presinápticas están activas de forma simultánea. La neurona postsináptica detecta, por lo tanto, la ocurrencia simultánea de actividad pre y postsináptica. El resultado final es que un determinado potencial de acción, que desciende rápidamente por el axón de la neurona presináptica, se hace más eficaz en provocar que la neurona postsináptica dispare. Cuando esto ocurre, nosotros decimos que ha habido un incremento de la fuerza sináptica. Las dos neuronas, de esta manera, llegan a estar fuertemente vinculadas por un abrazo fisiológico, permitiendo la formación de circuitos funcionales durante la gestación y la infancia. El proceso es análogo a la manera en que al viajar por un mismo camino de tierra, una y otra vez, se marcan las rodadas, lo que hace más fácil no perder la pista en viajes posteriores. De forma similar, estimulando la misma cadena de neuronas, una y otra vez,—como cuando un niño memoriza qué aspecto tiene un petirrojo—incrementa las posibilidades de que el circuito dispare todo el tiempo hasta su terminación, hasta que el potencial de acción final estimula las neuronas en los centros del lenguaje, permitiendo al chico soltar: ¡Petirrojo!" (pp. 107-108).

La repetición de los viajes visuales y sensitivos a través del tiempo durante Integración del Ciclo Vital puede, de la misma forma, ser comparado con recorrer el mismo camino de tierra una y otra vez. Los recién formados senderos sinápticos que conectan pasado con presente se fortalecen, creando "surcos" que son fáciles de seguir.

Integración del Ciclo Vital reorganiza el Sistema del Yo

La terapia de Integración del Ciclo Vital se basa en la hipótesis de que muchas disfunciones psicológicas son el resultado de una insuficiente organización neuronal. Debido a trauma o a desatención experimentada en la infancia, puede haber una falta de conectividad entre redes neuronales aisladas que representan yoes o Estados del Yo separados. O los problemas también podrían estar causados por una integración no óptima entre varias regiones y capas del cerebro.

A través del proceso de repetición de la Línea del Tiempo, el Sistema del Yo se hace cada vez más y mejor organizado tanto en el espacio como en el tiempo. Este incremento en la organización del Sistema del Yo ocurre, en parte, debido a los numerosos cambios entre yoes y Estados del Yo que se exigen por las repeticiones de la Línea del Tiempo de ICV. Con las repeticiones de la Línea del Tiempo las transiciones de estado se van haciendo más fluidas. Esta fluidez también contribuye a la estabilidad del Sistema del Yo.

> La estabilidad de un sistema depende de su capacidad de transición y por lo tanto existe dentro de un rango de posibles estados..." (Schore, 2003, p. 93)

Estos cambios entre múltiples Estados del Yo son realizados en presencia de un terapeuta cuya presencia calmada y serena ayuda a la cliente con la regulación y contención emocional a través de todo el proceso. La coherencia cuerpo-mente del terapeuta es transmitida a la cliente de la misma forma que los padres transmiten esta coherencia (o falta de ella) a su bebé.

Después de varias repeticiones de la Línea del Tiempo de recuerdos e imágenes, el cambio entre estados llega a ser más fluido. De la misma manera, la narración autobiográfica de la cliente se vuelve mejor organizada y más coherente. La cliente empieza a verse como existiendo a través de un continuo en el tiempo y el espacio. Los recuerdos de la cliente comienzan a fluir de un año al siguiente, llegando a incluir más recuerdos con cada repetición. Los recuerdos que surgen espontáneamente en este proceso compartirán el tono emocional del trauma abordado. Siguiendo este tema emocional a través del tiempo, la cliente adquiere una comprensión de los sistemas defensivos que ha utilizado y de los papeles que ha representado, como consecuencia de sus interpretaciones de hechos emocionalmente impactantes. Desde este estado imparcial de conciencia, la cliente es capaz y está dispuesta a dejar las defensas arcaicas y adoptar estrategias nuevas y más adaptativas.

Por medio del proceso de repetición de la Línea del Tiempo de recuerdos e imágenes, la cliente crea un mapa global de sí misma que se extiende en el tiempo y en el espacio. Una vez que este mapa neuronal está en su sitio, la cliente es capaz de moverse a través de los Cambios de Estado de forma fluida y sus recuerdos se hacen más organizados en el tiempo. Una vez que la persona ha desarrollado un mapa neurológico del Yo que le permite verse como existiendo de forma continua a lo largo de todo su ciclo vital, ya no es posible que se quede congelada en el tiempo o que recuerdos implícitos provoquen reacciones emocionales negativas.

Los resultados indican evidencia de cambio a nivel sináptico

Las personas que han completado la terapia de Integración del Ciclo Vital informan de los siguientes puntos:

- Encuentran un nuevo sentido del yo competente, capaz, digno de amor y sólido.
- Habilidad de dejar atrás estrategias defensivas arcaicas.
- Una mayor capacidad para disfrutar de la vida y de las relaciones íntimas.
- Una capacidad mucho mejor para regular las emociones.
- Un repertorio emocional más amplio.

Resumen

En la terapia de Integración del Ciclo Vital la terapeuta y el cliente, en efecto, co-construyen la narrativa de la vida del cliente. Durante este proceso, la terapeuta se mantiene sintonizada con el cliente mientras va leyendo la lista de recuerdos del cliente. Mientras el cliente "ve" las escenas del pasado, re-experimenta recuerdos en orden cronológico, de manera que mejora la integración y se hace más sólida la estructura del Yo. Los viajes cronológicos repetidos a través del tiempo, en la presencia de un terapeuta emocionalmente disponible y profundamente sintonizado, permiten a la persona crear coherencia entre yoes y estados del yo a través del tiempo y del espacio.

A medida que el cliente ve repetidamente la "película" de su vida, van apareciendo más insights y recuerdos positivos. La plasticidad neuronal mejora a través de la implicación emocional de la persona a niveles óptimos mientras visualiza su vida. La habilidad de la persona para permanecer involucrada emocionalmente y de manera óptima es facilitada por la contención y vinculación del terapeuta. La plasticidad neural aumenta cuando la atención del cliente se mantiene focalizada en las imágenes de los recuerdos de su vida incluyendo los olores que las acompañan, los sonidos y las sensaciones corporales que corresponden al cambio de los estados emocionales. Debido a la naturaleza repetitiva del proceso, los nuevos patrones de disparo entre neuronas y redes neuronales quedan reforzados.

Capítulo Tres

Neurociencia Aplicada
El Cómo y el Porqué de la Integración del Ciclo Vital (ICV)

La Emoción afecta a la codificación de la Memoria

Cuando los niños experimentan hechos abrumadores y terroríficos, no se codifican en la memoria los recuerdos explícitos de estos hechos terribles. Sin embargo, los niños son extremadamente resistentes y si tienen a su disposición el apoyo de una persona adulta para ayudarles a dar sentido a lo que han experimentado, son capaces de integrar estas experiencias y de seguir con sus vidas saliendo relativamente ilesos. Los adultos que han presenciado o han sobrevivido a hechos abrumadores o terroríficos en su infancia, sin una persona adulta emocionalmente disponible que les ayude a dar sentido y a integrar esas experiencias traumáticas, llevarán los recuerdos implícitos de estos hechos traumáticos en sus sistemas cuerpo-mente, pero no tendrán ningún recuerdo explícito de lo que pasó. Más tarde, en su vida, cuando el adulto recuerde el hecho, no tendrá ningún contexto autobiográfico para lo que está sintiendo, ni siquiera se dará cuenta de que está recordando un hecho real. Las emociones, impulsos y sensaciones corporales que surgen en la persona cuando se activa un recuerdo implícito, parecen venir de ninguna parte.

Integración del Ciclo Vital es diferente de otros métodos terapéuticos tradicionales

En el pasado se nos enseñó que un aspecto importante de la terapia era la liberación emocional, que los clientes necesitaban llorar sus pérdidas y que este "sacarlo todo" (emocionalmente) durante la terapia era parte del proceso de curación. La investigación reciente le ha dado la vuelta a esta forma de pensar. Siegel (1999) nos da una nueva forma de pensar sobre la emoción:

> Asumamos que el conocido producto final de la emoción— lo que normalmente consideramos en el pensamiento diario como los sentimientos comunes de rabia, miedo, tristeza, o alegría—no son realmente centrales a la experiencia inicial de la emoción. Asumamos también que las emociones no existen necesariamente de la manera en que normalmente pensamos de ellas: como un tipo de paquetes de algo que puede ser experimentado, identificado y expresado,

CÓMO AFECTA LA EMOCIÓN A LA CODIFICACIÓN DE LA MEMORIA

Eventos experimentados con una intensidad emocional entre media y alta, reciben más atención focal y son **BIEN RECORDADOS**

(Eje vertical) Fuerza de la memoria explícita

(Eje horizontal) Intensidad emocional del evento

Experiencias que involucran poca intensidad emocional reciben poca atención focal en el momento del evento, siendo registrados por el cerebro como poco importantes

Experiencias que son abrumadoras o terroríficas.
• El procesamiento hipocampal de la memoria explícita es inhibido
• La memoria implícita se codifica
• La memoria explícita se perjudica

Pobremente recordado

Diagrama 1

tal y como implica la expresión 'simplemente expresa lo que sientes'. En su lugar, consideremos que *las emociones representan procesos dinámicos creados dentro de los procesos socialmente influidos y moralmente valorados, del cerebro.* (Página 123.)

Al utilizar la terapia de Integración del Ciclo Vital, los recuerdos cargados emocionalmente necesitan ser visitados sólo brevemente, con el propósito de enganchar con el circuito neuronal relevante. Volver a visitar los recuerdos traumáticos, simplemente con el propósito de liberar la emoción, no es necesario ni útil en el proceso de curación. Si las emociones son el resultado de una particular alineación de redes neuronales disparando juntas, entonces recordar repetidamente los hechos traumáticos que están representados por estas redes servirá sólo para reforzar la respuesta emocional relacionada. Peter Levine (1997) hablando sobre su trabajo con clientes traumatizados escribe:

Aprendí que no era necesario sacar a la luz viejos recuerdos, ni revivir su dolor emocional, para curar el trauma. De hecho, el dolor emocional severo puede ser re-traumatizante. Lo que necesitamos hacer para liberarnos de nuestros síntomas y temores es despertar nuestros recursos fisiológicos profundos y utilizarlos conscientemente. Si permanecemos ignorantes de nuestro poder para cambiar el curso de nuestras respuestas instintivas de una manera proactiva más que reactiva, continuaremos presos y con dolor. (p. 31.)

Con el procesamiento de Integración del Ciclo Vital, el modo para liberarse de este dolor es avanzar rápidamente a través de los recuerdos según van surgiendo. Al avanzar a través de la Línea del Tiempo, los recuerdos son vistos en rápida sucesión, sin dejar tiempo para la discusión o para la "liberación emocional". El método de ICV sigue el sistema cuerpo-mente del cliente, adelante y atrás, a través del TIEMPO, en un esfuerzo por conectar los recuerdos implícitos con los hechos actuales de los que han surgido. Las repeticiones de estos "viajes a través del TIEMPO" son el factor integrador de la terapia de Integración del Ciclo Vital.

Importancia de la relación

El desarrollo neuronal es un proceso interactivo entre el padre y el niño. Siegel (1999) nos dice que "la mente humana surge de patrones de flujo de energía e información dentro del cerebro y entre cerebros." (Página 2). Schore (1994) habla de la importancia de la díada cuidador-niño, en la que el cuidador adulto regula los Estados Emocionales del bebé durante los períodos críticos del desarrollo y hasta que el bebé sea capaz de regularse por sí mismo. Continua diciendo: "Los fallos de regulación emocional en la díada dan como resultado una psicopatología del desarrollo que subyace varias formas de desórdenes psiquiátricos de posterior formación." (Schore, 1994, página 33).

En la terapia de Integración del Ciclo Vital, la terapeuta toma el rol que el padre/madre o cuidador/a normalmente proveen en el desarrollo temprano. Entre el sistema cuerpo-mente de la terapeuta y el sistema cuerpo-mente del cliente se intercambian energía e información. La terapeuta, simplemente por su presencia, actúa como un contenedor y regulador de las emociones del cliente. Estar presente es fundamental para obtener buenos resultados. La terapeuta debe permanecer presente, enraizada, conectada energéticamente con el cliente y emocionalmente disponible a través de todo el proceso. Al utilizar Integración del Ciclo Vital como método terapéutico, los terapeutas que han hecho su propio trabajo, integrando su propio Sistema del Yo interno, tendrán mejores resultados con sus clientes que aquellos terapeutas que no hayan hecho suficiente terapia para sanar su propio trauma o desatención en la infancia.

Transiciones de Estado en el Tiempo

La vinculación de Estados a través del tiempo es un componente importante de la integración neuronal. El hecho de hacer repetidos viajes a través de la Línea del Tiempo de Integración del Ciclo Vital exige que el cliente cambie de Estado a Estado continuamente. Estos cambios a través del continuo del tiempo permiten a los distintos Estados del Yo y Estados Emocionales llegar a estar mejor organizados. Según el Sistema del Yo llega a estar mejor organizado también llega a estar más estable. "Según los patrones de relaciones entre los componentes de un sistema auto-organizado llegan a estar cada vez más interconectados y bien ordenados, es más capaz de mantener una coherencia u organización ante los cambios del ambiente." (Schore, 2003, p. 93). Con las repeticiones de la Línea del Tiempo, las Transiciones de Estado se hacen más fluidas. Esta fluidez también contribuye a la estabilidad del Sistema del Yo.

Importancia de la Repetición

Durante el proceso de Integración del Ciclo Vital, el cliente está enraizado en sus sensaciones corporales según va trayendo imágenes de sí mismo participando en escenas de su vida, año tras año, a través del tiempo. Cada repetición a través de la Línea del Tiempo de recuerdos e imágenes refuerza el sentido del cliente del 'sí mismo' a través del tiempo. Cada repetición también incorpora más y más recuerdos. Estas

La memoria implícita está siendo codificada continuamente por el cuerpo-mente. Si una víctima de trauma se disocia durante el mismo, la memoria explícita del trauma no se codificará.

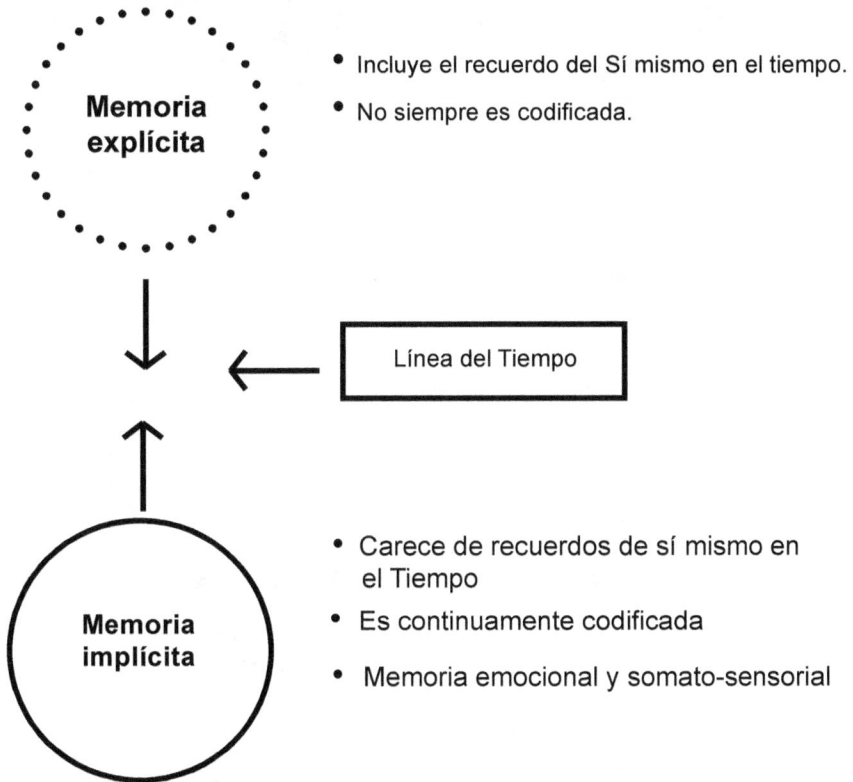

Memoria explícita

- Incluye el recuerdo del Sí mismo en el tiempo.
- No siempre es codificada.

Línea del Tiempo

Memoria implícita

- Carece de recuerdos de sí mismo en el Tiempo
- Es continuamente codificada
- Memoria emocional y somato-sensorial

La Línea del Tiempo de Integración del Ciclo Vital integra en la narrativa de vida recuerdos somato-sensoriales que habían sido previamente disociados. Esto conecta los recuerdos implícitos al Sí mismo y al TIEMPO.

Diagrama 2

Desarrollo normal y apego seguro.

Las figuras parentales estuvieron disponibles para el/la niño/a en la co-construcción de la narrativa autobiográfica infantil. El mapa del Yo a lo largo del tiempo y el espacio, está presente. La actividad neuronal es suficiente para gozar de salud mental.

2 años   3 años   4 años   5 años   6 años   7 años   8 años

Disociación/huecos en la memoria

Historial de trauma. Las figuras parentales, o no fueron de apoyo o no estuvieron disponibles. La narrativa autobiográfica se ha construido sólo parcialmente. El mapa del Yo a lo largo del tiempo y el espacio está incompleto.

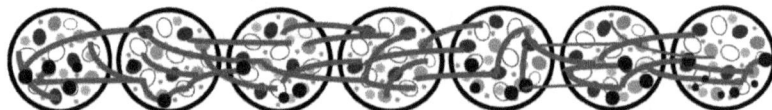

2 años   3 años   4 años   5 años   6 años   7 años   8 años

Trastorno de Identidad Disociativo

Historial de trauma abrumador con poco o ningún apoyo parental disponible. La narrativa autobiográfica no se ha construido. El mapa del Self a lo largo del tiempo y el espacio está extremadamente incompleto. La integración neuronal es mínima.

2 años   3 años   4 años   5 años   6 años   7 años   8 años

Diagrama 3

En este modelo, los pequeños círculos incluidos en los círculos grandes, representan redes neuronales separadas en el sistema cuerpo-mente. Las líneas que conectan los puntos, representan vías neuronales creadas por las conexiones sinápticas entre redes neuronales.

repeticiones de la Línea del Tiempo exigen múltiples y repetidos Cambios de Estado. Las repeticiones de las Transiciones de Estado ayudan a organizar y estabilizar el Sistema del Yo. Las repeticiones de la Línea del Tiempo también ayudan a fortalecer las conexiones sinápticas que se acaban de crear, aumentando las oportunidades de que disparen en el mismo patrón una y otra vez.

La Atención aumenta la Plasticidad Neuronal

La investigación reciente ha demostrado que es más probable que se den los cambios sinápticos cuando la atención está centrada. "Los ejercicios pasivos, no atendidos, o poco atendidos, son de un valor limitado... Los cambios plásticos en las representaciones del cerebro son generados sólo cuando los comportamientos son atendidos de forma específica." (Schwartz y Begley, 2002, p. 224, citando a Merzenich y Jenkins).

La Emoción aumenta la Plasticidad Neuronal

Las redes neuronales son más plásticas cuando las personas están estimuladas emocionalmente. La investigación nos ha demostrado que el aprendizaje y la memoria aumentan cuando las personas están implicadas emocionalmente de una forma positiva. LeDoux (2002) describe cómo las emociones contribuyen a la plasticidad neuronal:

> Debido a que más sistemas cerebrales están típicamente activos durante los estados emocionales que durante los no emocionales—y a que la intensidad de la activación es mayor— la oportunidad para un aprendizaje coordinado a través de los sistemas del cerebro es mayor durante los estados emocionales. Al coordinar la plasticidad en paralelo a través de todo el cerebro, los estados emocionales promueven el desarrollo y unificación del Yo. (Página 322).

Sin embargo, los estados emocionales extremadamente intensos abruman el sistema y causan que la persona se sienta desbordada de emoción o se disocie. Volver a experimentar las emociones intensas de un trauma pasado puede volver a traumatizar al Sistema, lo que no contribuye a la curación.

Narraciones Autobiográficas e Investigación en Apego

En los años 50, Mary Ainsworth, una pionera en la investigación del apego, estudió las interacciones entre madre y bebé en el primer año de vida de los bebés. Ainsworth desarrolló una herramienta de evaluación: "La Situación del Extraño". Utilizando esta herramienta ella midió y describió cuatro estilos diferentes de apego en los niños: seguro, evitativo, resistente o ambivalente y desorganizado o desorientado.

A principios de los años 80 Mary Main y Ruth Goldwyn ampliaron los estudios del apego, creando una nueva herramienta de medida: la Entrevista del Apego para Adultos o EAA. En la EAA se le pide al adulto que cuente una narración autobiográfica sobre su infancia. Esta narración debe incluir una descripción de sus primeras relaciones con cada progenitor y cómo estas relaciones han cambiado en el tiempo. La EAA es entonces puntuada de acuerdo con la forma en que el adulto presenta y evalúa sus experiencias de la infancia. Al puntuar la EAA, el evaluador tiene en cuenta: el equilibrio entre el material real y el contenido emocional, la importancia de los ejemplos utilizados y la plausibilidad, consistencia, claridad y coherencia de la narración.

Main y Goldwyn encontraron que la puntuación de la EAA alcanzada por un padre/madre, o alguien que lo va a ser, predice con un 75% a 85% de seguridad el patrón de apego que los niños/as nacidos de este padre/madre expresarán en la díada padre-bebé. La EAA predice el estilo de apego con seguridad, incluso cuando los niños aún no han nacido. Cuanto más equilibrada, relacionada y coherente sea la narración autobiográfica de la persona adulta, será más probable que sus hijos/as formen un apego seguro.

Estos descubrimientos sugieren que una persona adulta que le haya dado sentido a las experiencias de su infancia y a su relación temprana con sus padres es capaz de estar emocionalmente disponible y completamente presente para sus propios hijos, encontrándose las condiciones para que la integración neuronal del bebé se dé de forma óptima.

Conciencia Autonoética

La capacidad de ver al Yo a través del tiempo es llamada la conciencia autonoética. "La memoria autobiográfica o episódica necesita de una capacidad llamada 'autognosis' (auto-conocimiento) y parece que depende del desarrollo de regiones de la corteza frontal del cerebro." (Siegel, 1999, página 35). Siegel sugiere que "la capacidad de la mente para crear este mapa global del Yo a través del tiempo y de distintos contextos, de tener conciencia autonoética, es una característica esencial de la integración que puede continuar desarrollándose a través de la vida." (1999, p. 330).

El cliente explica el problema actual y se focaliza en las sensaciones corporales.

Puente emocional

El puente emocional evoca un recuerdo que comparte el mismo tono afectivo

Recuerdo 7 años — Puente emocional — Recuerdo 8 años — Puente emocional — Recuerdo 9 años — Etc.

Los recuerdos representados arriba ya están conectados neuronalmente debido a una emoción similar.

Este proceso de Línea del Tiempo refuerza las conexiones neuronales (hipótesis de Hebbs: Las neuronas que disparan juntas, se conectan).

Cadenas cortas de neuronas con conexiones pobres se acaban convirtiendo en cadenas más largas con conexiones más fuertes.

Los recuerdos se sitúan en un continuo de TIEMPO dando como resultado un Sí mismo con continuidad y fluidez a lo largo del tiempo. Muchos yoes acaban integrándose en un sistema del Yo unificado.

Diagrama 4

El Protocolo de la Integración del Ciclo Vital promueve la Integración Neuronal

El **Paso 1** del protocolo sigue el Puente Emocional dentro del sistema cuerpo-mente del cliente para descubrir qué redes neuronales del pasado, pobremente integradas, están más conectadas con la angustia o disfunción del presente. (Ver Diagrama 4).

Los **Pasos 2 a 5** son todos importantes para establecer las condiciones para que una integración neuronal óptima pueda ocurrir en el Paso 6, a través de repeticiones de la Línea del Tiempo. Las condiciones que se dan en los Pasos 2 al 5 son:

- Relación con otra persona emocionalmente disponible y enraizada.
- Atención concentrada.
- Conexión con las sensaciones corporales de la emoción.

Cuando el Yo Adulto del cliente entra de forma imaginaria en la escena, se lleva al niño a un lugar tranquilo y se habla con él de lo que pasó, dándole nueva información y encuadrando lo que ocurrió. A veces el Yo Adulto expresa enfado en nombre del niño antes de llevarse al niño a un lugar tranquilo. El terapeuta guía al Yo Adulto para intervenir en la escena del pasado de la forma que sea necesaria para proporcionar sensación de seguridad al Yo niño. Si el Yo Niño no se siente seguro, no será capaz de prestar atención al proceso.

Durante la Conversación Interna se da información actualizada al Estado del Ego Infantil, pero no es necesario convencer al niño de los cambios en la "realidad" infantil, o de la verdad de la nueva información. Cuando la terapeuta o el cliente adulto insisten en discutir con el Estado del Ego Infantil, se malgasta el tiempo de la sesión que puede ser utilizado de una manera más productiva haciendo repeticiones de la Línea del Tiempo. Además, discutir con el Estado del Ego Infantil puede interrumpir el vínculo emocional entre el adulto y el niño, y puede causar que el Estado del Ego Infantil deje de atender. Cuando los comentarios del niño muestran que no se cree la nueva información, la terapeuta instruye al cliente adulto para decirle: "Puedo entender por qué piensas y te sientes de esa manera. Déjame mostrarte que has crecido y te has convertido en una parte importante de mí y que ahora las cosas han cambiado." Entonces ve al Paso 6, la Línea del Tiempo. Una vez que el Estado del Ego Infantil ha sido integrado, toda la información que tiene el Sistema del Yo estará disponible para el Yo Infantil.

La terapeuta nunca habla directamente al Estado del Ego Infantil, en lugar de eso el niño interior recibe sus intervenciones a través del cliente adulto. (Ver Diagrama 5). Cuando el cliente adulto está en sus emociones, en su cuerpo, profundamente conectado con su Estado del Ego Infantil, él realmente no sabe lo que su Yo Infantil necesita escuchar. Esto es verdad incluso en el caso en el que el cliente adulto sea -en la actualidad- un hábil psicoterapeuta infantil. Si la terapeuta le pide al cliente adulto que mantenga una conversación con el Estado del Ego Infantil (es decir, sin la guía de la terapeuta), sería necesario que el cliente adulto dejara el Estado del Ego Infantil y se metiera en un modo más cognitivo. La integración se da sólo hasta el grado en que el cliente permanece conectado con sus

La mente humana surge de patrones en el flujo de energía e información en el cerebro y entre diferentes cerebros". Daniel J. Siegel (1999)

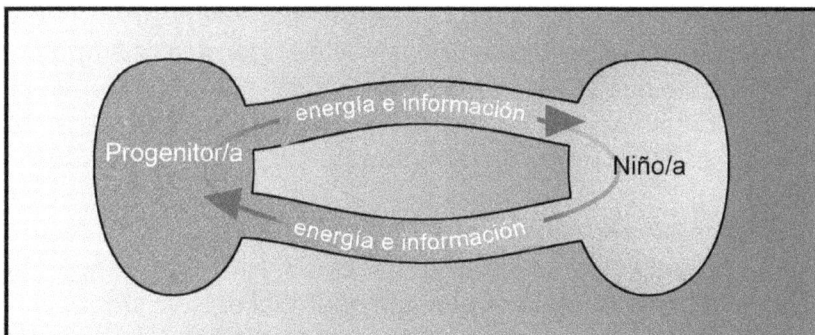

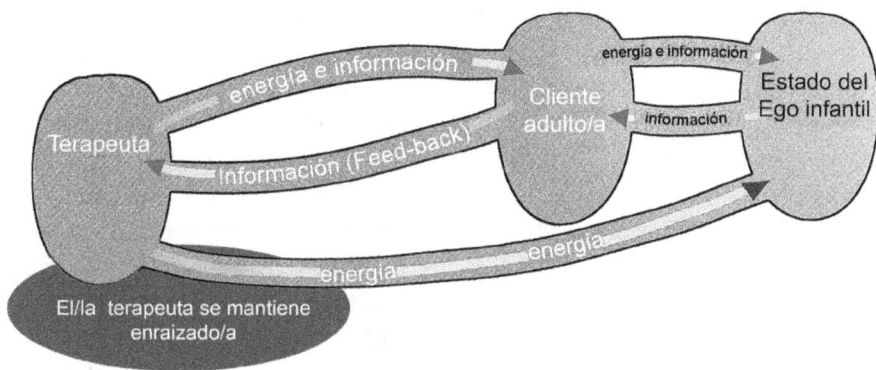

En Integración del Ciclo Vital el/la terapeuta guía al cliente adulto para que interactúe imaginariamente con el yo infantil (red neuronal aislada). El cliente adulto aprende acerca de su yo infantil a partir de las imágenes que ve en su mente y de las respuestas del yo infantil durante la conversación interna. El/ la terapeuta ha de mantenerse presente, enraizado/a y energéticamente conectado/a al Sistema del Yo del cliente.

Diagrama 5

sensaciones corporales y Estados del Ego del pasado. La mejor manera de mantener intacta esta conexión con el Estado del Ego Infantil, es man-tener al cliente lejos de las actividades cognitivas (pensamiento), tanto como sea posible. Al final del protocolo, ya en tiempo presente, se le da al cliente adulto una oportunidad para continuar la Conversación Interna con su Yo Infantil sin la ayuda de la terapeuta.

La Integración Neuronal se da en el Paso 6 del protocolo de Inte-gración del Ciclo Vital. Durante el Paso 6 la terapeuta conduce al cliente cronológicamente a lo largo de su vida, pidiéndole que visualice los recuerdos o imágenes que espontáneamente surjan por cada año de su vida. Este proceso aporta los siguientes componentes:

- Co-construcción de una narración autobiográfica y
- Transiciones de Estado a través del tiempo.

Para asegurar la integración, el Paso 6 debe repetirse tres a cinco veces o más, o bien hasta que la Conversación Interna en tiempo presente (Paso 7) muestre que el Estado del Ego Infantil está 100% convencido de que el pasado está atrás. Cuando la integración está completa, el ver la escena del pasado no producirá ninguna sensación corporal emocional en el cliente.

A través de las repeticiones de la Línea del Tiempo de recuerdos e imágenes, el cliente crea un mapa global de sí mismo que se extiende en el tiempo y en el espacio. Una vez el mapa neuronal está en su sitio, la persona es capaz de avanzar a través de las transiciones de estado con fluidez y sus recuerdos se hacen más organizados a través del tiempo.

El hecho de realizar repetidos viajes a través de la Línea del Tiempo de Integración del Ciclo Vital, exige que el cliente cambie continuamente de estado a estado. Estas transiciones a través del continuo del tiempo permiten que varios Estados del Yo y Estados Emocionales estén mejor organizados. Según los recuerdos implícitos llegan a asociarse con los hechos históricos reales, el sistema cuerpo-mente del cliente es capaz de reorganizarse, almacenando estos estados somáticos y corporales de una manera más apropiada como recuerdos de hechos del pasado. Según el Sistema del Yo se organiza más, también llega a ser más estable.

Dependiendo de las necesidades del cliente se utilizarán diferentes protocolos de ICV. Los clientes cuyas necesidades tempranas fueron adecuadamente satisfechas pueden beneficiarse del Protocolo Estándar de ICV. El Protocolo Estándar puede utilizarse para un problema actual o para limpiar un recuerdo traumático del pasado. Los clientes que experimentaron trauma temprano o desatención necesitarán comenzar la terapia de ICV con el Protocolo del Vinculación ICV y otros protocolos de estructuración.

Sobre la Línea del Tiempo de Integración del Ciclo Vital

- La Línea del Tiempo es el componente clave de Integración del Ciclo Vital.

- Las repeticiones de la Línea del Tiempo integran nuevos estados emocionales y permiten al cuerpo comprender que el tiempo ha pasado.

- A través de las repeticiones de la Línea del Tiempo la persona crea coherencia entre los yoes y Estados del Yo en el tiempo y en diferentes contextos.

- Se crea un mapa espacio-temporal del yo. Para la integración neuronal es necesario un mapa neuronal del Yo en el tiempo y en el espacio.

- Por medio de las repeticiones de la Línea del Tiempo de imágenes en la presencia de un terapeuta sintonizado, el cliente, en efecto, co-construye su narrativa autobiográfica.

- Se "recuperan" e integran más recuerdos en cada viaje a lo largo de la Línea del Tiempo.

- Este proceso "presenta" a la persona una visión panorámica de su vida a lo largo del tiempo y el espacio. La persona así es capaz de ver los patrones en las decisiones y elecciones que ha hecho a lo largo de su vida. Puede ver cómo se ha defendido a lo largo de su existencia contra el peligro percibido de un trauma determinado. Ahora "ve" que es libre para hacer otras elecciones.

- La relación de recuerdos positivos/negativos aumenta con cada repetición de la Línea del Tiempo. (Con cada repetición hay más recuerdos positivos). Esto es verdad para todas las personas. *Nota: Algunas personas al comienzo se protegen o censuran inconscientemente sus recuerdos más desagradables. Cuando esto ocurre los recuerdos parecen hacerse peores durante las primeras repeticiones. Según la persona comienza a relajarse y a confiar en el proceso, dejará de censurar las imágenes. Cuando se permite que las imágenes surjan espontáneamente, aparecerán más imágenes positivas con cada repetición.*

El proceso de navegación a través de la línea del tiempo precisa que la persona acceda a información y hechos cronológicos del Hemisferio Izquierdo y encuentre imágenes y recuerdos emocionales del Hemisferio Derecho.

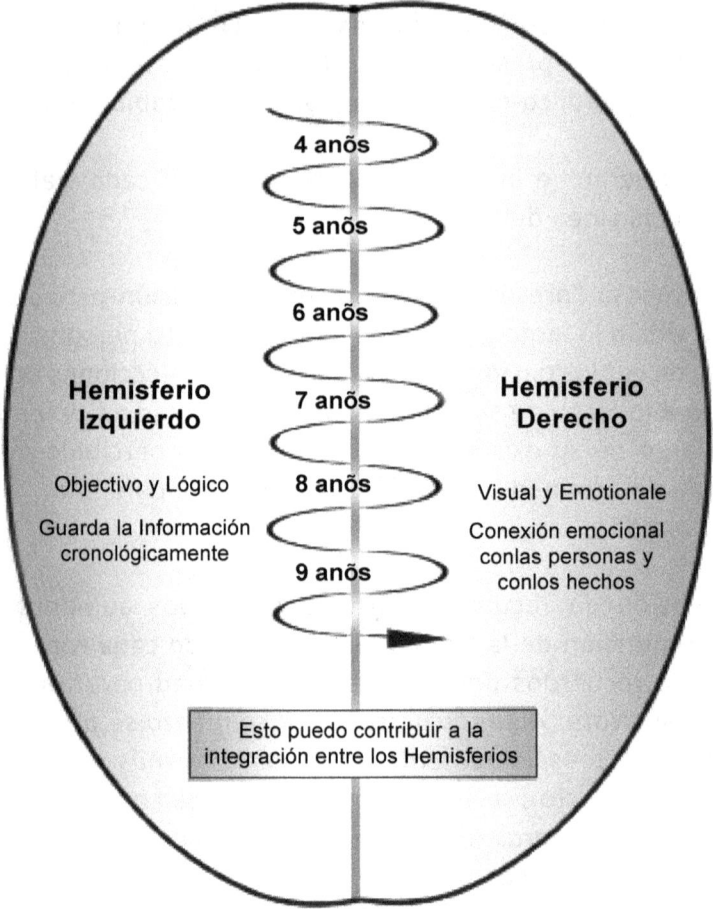

4 anõs

5 anõs

6 anõs

Hemisferio Izquierdo

7 anõs

Hemisferio Derecho

Objectivo y Lógico

8 anõs

Visual y Emotionale

Guarda la Información cronológicamente

Conexión emocional conlas personas y conlos hechos

9 anõs

Esto puedo contribuir a la integración entre los Hemisferios

Diagrama 6

Modelo de Redes Neuronales aisladas

Cuando los niños experimentan situaciones abrumadoras o terroríficas sin el sostén emocional de cuidadores disponibles, desarrollan muchas redes neuronales aisladas (estados del Self). Estos estados del Self estan conectados a recuerdos implícitos. Están débilmente asociados unos a otros por emociones comunes, pero no están integrados en el Sistema del Yo ni están anclados a un espacio de tiempo cronológico. En el modelo de abajo los pequeños círculos representan redes neuronales que son mantenidas en el sistema mente-cuerpo, pero no son integrados en la totalidad del Sistema del Yo.

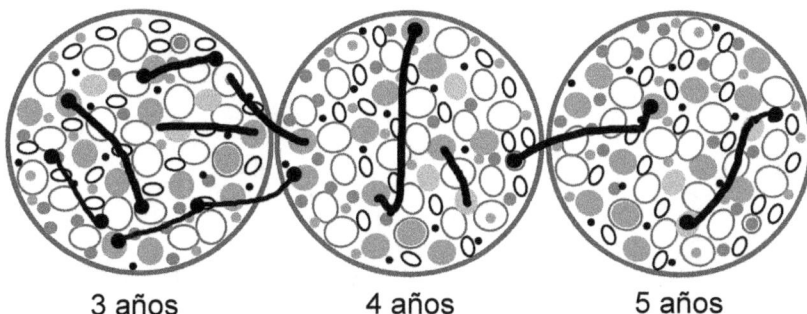

| 3 años | 4 años | 5 años |

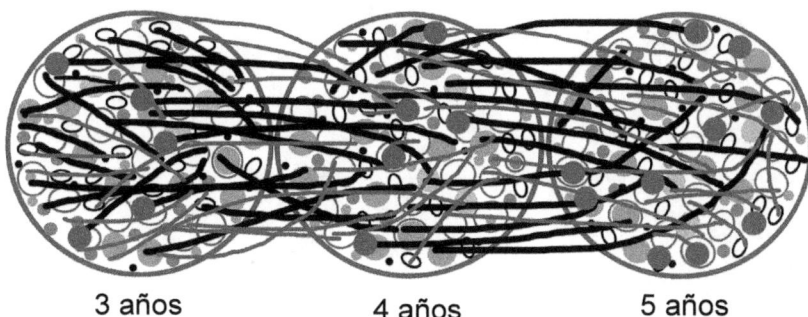

| 3 años | 4 años | 5 años |

Modelo de cómo la Integración del Ciclo Vital conecta recuerdos a través del Tiempo para crear un Sistema del Yo más coherente

ICV comienza con una serie de redes neuronales aisladas, pobremente asociadas por emociones comunes y las conecta entre sí a lo largo del tiempo. Situaciones a lo largo del ciclo vital que comparten una emoción común, se conectan juntas cronológica-mente al seguir el puente emocional a lo largo del tiempo, año a año, de un recuerdo a otro y consecutivamente hasta el momento presente.

Diagrama 7

Capítulo Cuatro
Protocolo de Integración del Ciclo Vital

Este capítulo es descriptivo más que instructivo. Se recomienda a los terapeutas que acudan a un curso aprobado de Integración del Ciclo Vital antes de intentar utilizar este método. La terapia de ICV es muy poderosa y eficaz. Cuando la terapia de ICV se hace correctamente el contenido inconsciente del cliente se trae a la memoria, se reorganiza y se integra en una sesión de 60 ó 90 minutos. Un terapeuta sin entrenamiento y sin experiencia que intente este método puede activar el material del cliente sin integrarlo del todo. Hacer ICV sólo parcialmente bien, puede no ayudar al cliente y podría hacerle daño.

Preparación de los Clientes para la Terapia de Integración del Ciclo Vital:

- Explica al cliente que Integración del Ciclo Vital es bastante distinta de cualquier otra terapia que haya podido realizar en el pasado. Explícale que ICV trabaja sobre el sistema cuerpo-mente y dale una breve visión sobre cómo es una sesión típica de ICV. Puede ser útil darle al cliente la descripción escrita disponible en el apéndice del libro.

- Explica al cliente lo importante que es que, al viajar a través de la Línea del Tiempo de recuerdos e imágenes, permita que las imágenes surjan espontáneamente. Si el proceso funciona adecuadamente surgirán algunas imágenes nuevas y diferentes en cada transición a través de la Línea del Tiempo.

- Explica al cliente la necesidad de repetir la Línea del Tiempo de recuerdos e imágenes hasta que aparezcan recuerdos positivos o hasta que surja espontáneamente la comprensión de lo que está ocurriendo.

- Explica al cliente la importancia de estar conectado con su cuerpo y de mantener su atención centrada, tanto en las imágenes de los recuerdos, como en las sensaciones corporales y emociones relacionadas con los recuerdos e imágenes que van surgiendo.

- Explica al cliente que no hay necesidad de hablar sobre los recuerdos que surgen cuando está yendo a través de la Línea del Tiempo y que no es necesario gastar tiempo explorando cada imagen. Lo que mejor funciona es "ver la película" y moverse rápidamente de escena en escena.

- Explica al cliente que Integración del Ciclo Vital permite que el cuerpo-mente se sane a sí mismo. Durante la sesión de ICV se pone en movimiento un proceso, pero la curación no estará completa hasta 24 ó 48 horas después de la sesión. El cliente puede sentirse un poco "ido" durante varias horas después de la misma. Un pequeño porcentaje de clientes tienen problemas para dormir después de Integración del Ciclo Vital. Cuando esto ocurre es sólo temporal y es el resultado del proceso que está teniendo lugar en el cuerpo-mente del cliente.

Preparación de una Lista de Recuerdos

Al comenzar a hacer la terapia de Integración del Ciclo Vital, muchos clientes no pueden obtener un flujo espontáneo de recuerdos durante el Paso 6 del Protocolo Estándar, el paso al que llamamos la Línea del Tiempo. Incluso personas que tienen recuerdos fluidos de la mayor parte de sus vidas pueden tener huecos o periodos de años donde acceder a los recuerdos es mucho más difícil. Los recuerdos clave sirven como marcadores en tiempo lo cual permite a la persona que está recordando mantenerse en el hemisferio derecho de su cerebro. Cada vez que la misma clave es leída en siguientes repeticiones, otros recuerdos relacionados surgirán. Cuando aumenta la integración, el cliente se mueve hacia una asociación más libre de recuerdos a medida que va visualizando año tras año.

Algunos clientes son capaces de escribir su lista de recuerdos clave sin la ayuda del terapeuta pero los clientes con historias traumáticas pueden preferir escribir sus claves con ayuda del terapeuta. Las claves deben ser escritas previamente a comenzar la terapia de Integración del Ciclo Vital. Para algunos clientes con huecos de memoria esto puede llevar varias sesiones. La Lista de recuerdos clave deberá tener al menos un recuerdo por cada año de vida del cliente. Un recuerdo clave por año es correcto, pero para poder variar es útil tener dos o tres por año. Sucesos significativos como bodas, divorcios, muertes y nacimientos deben ser incluidos. Las claves que se anotan deberían orientar a la persona hacia un marco temporal concreto. Cada clave debe ser un acontecimiento que el cliente realmente recuerda. Las claves pueden ser escenas de fotografías, pero sólo si el cliente realmente recuerda haber experimentado el suceso que fue fotografiado.

Los recuerdos no tienen que ser importantes. Recordar cómo era la apariencia de una casa o una escuela es suficiente para ayudar a evocar el recuerdo. Viajes realizados, nombres de amigos, varios lugares de trabajo o de residencia... funcionan muy bien como recuerdos claves para la lista. Los recuerdos claves pueden ser cambiados durante la terapia de LI. No hay ninguna ventaja por utilizar las mismas claves sesión tras sesión. Tras varias sesiones, el terapeuta puede dar al cliente la oportunidad de escribir una nueva lista de recuerdos mejorada.

Las claves permiten a los clientes relajarse y disfrutar del proceso del cerebro derecho. Las claves no frenan la aparición de otros recuerdos espontáneos del mismo periodo de tiempo sino que más bien las claves mejorarán el proceso espontáneo de recuperación de recuerdos. Utiliza los recuerdos clave que el cliente trae a la sesión, incluso si las claves están relacionadas mayormente con varios traumas a lo largo de su ciclo vital. Los recuerdos traumáticos son los más indelebles y por eso son mejor recordados. Un terapeuta de ICV experimentado y sintonizado puede utilizar una lista de claves traumáticas llevando al cliente a través del tiempo sin activar los recuerdos traumáticos anotados. Los terapeutas de ICV sin experiencia deben esperar hasta que tengan más experiencia y deben supervisar con un consultor de ICV, si trabajan con un cliente cuyas claves son la mayoría traumáticas.

La expansión de la memoria indica integración

La integración neuronal está ocurriendo cuando el cliente informa que están apareciendo recuerdos espontáneos y que esos recuerdos varían en cada repetición del Paso 6, de la Línea del Tiempo de ICV. Si los clientes informan de que constantemente les vienen los mismos recuerdos en cada repetición, la integración neuronal no está realizándose durante la Línea del Tiempo. La razón más probable es que el cliente está usando un proceso de su cerebro izquierdo para recuperar recuerdos. Si un cliente aparenta estar pensando demasiado o está utilizando procesos del cerebro izquierdo para recuperar recuerdos, lee el mismo recuerdo clave por cada año en cada repetición. Utiliza recuerdos clave que puedan evocar mejor componentes sensoriales. Los clientes muy disociados son bastante capaces de evocar imágenes de sus recuerdos sin las sensaciones corporales de la emoción. Los clientes que están más presentes en sus cuerpos podrán "ver" el recuerdo desde la perspectiva del momento pasado, es decir, podrán "ver" desde la mirada del Yo Niño. Los clientes bien enraizados en sus cuerpos también podrán recordar olores, sensaciones táctiles o sonidos asociados a cada recuerdo.

Seguir al Sistema Cuerpo-Mente del Cliente

El cuerpo-mente del ser humano es un organismo auto-sanador. La Integración del Ciclo Vital es un método sanador que sigue el sistema cuerpo-mente de la persona y respeta el conocimiento inherente al sistema. Después de haber dirigido miles de sesiones de Integración del Ciclo Vital en los últimos diez años, he aprendido a confiar en el sistema cuerpo-mente del cliente y a dejarme guiar por él. El sistema del cliente conoce, mucho mejor que yo, donde necesita ir para sanarse. Donde va el sistema no es, casi nunca, donde mi mente analítica piensa que necesita ir y, de forma similar, el sistema del cliente raramente va donde el cliente cree que se originó el problema.

Cuando la Historia Inicial es Traumática o Desconocida

Si la estructura defensiva subyacente al problema actual del cliente se originó en el cuerpo-mente antes de que fuera capaz de almacenar recuerdos explícitos, la persona no será capaz de encontrar un Recuerdo Fuente relacionado en el Paso 1 del Protocolo Estándar de ICV. Para los casos en los que el trauma o el abandono han ocurrido antes de los dos años, o para los casos en los que la historia temprana es desconocida, lo indicado es comenzar con los protocolos de ICV que refuerzan el self y mejoran la habilidad del cliente para regular su emoción. (Para información sobre los protocolos ICV que comienzan al principio de la vida, ver el Capítulo 5). Las defensas más primitivas y antiguas como la disociación, típicamente se desarrollan antes de que el niño tenga dos años de edad. Al utilizar ICV para tratar a personas diagnosticadas con Trastornos de Personalidad Límite o Narcisista, los protocolos de estructuración pueden abordar la fragmentación de la persona Límite y reparar el vacío en el núcleo del self de la persona Narcisista. Las personas con trastornos del apego también se beneficiarán de comenzar con el Protocolo Vinculación de ICV y con los otros protocolos de estructuración.

Tiempo necesario para la Integración del Ciclo Vital

Los clientes que tienen menos de 40 años normalmente pueden completar una sesión de ICV en una hora. Para clientes mayores o para clientes con historias de trauma, desatención o abandono temprano en su vida, y para los muy disociados, es mejor organizar sesiones de una hora y media.

Cuando Partes del Yo interrumpen el Proceso de ICV

Una "Parte" es un sistema neuronal en y por sí mismo. Una parte existe dentro del Sistema del Yo como una red neuronal separada. Se 've' a sí misma como teniendo una existencia separada del Sistema del Yo y, a menudo, actúa de forma independiente y ego-distónica. Las partes pueden ser de cualquier edad y pueden ser hombres o mujeres, independientemente del género de la persona. Las Partes también pueden tomar formas no humanas. Estas Partes del Yo fueron originalmente creadas por el niño para ayudarle a sobrevivir en circunstancias inaguantables. Los niños/as que sufren abuso o desatención, sin suficiente apoyo parental que les ayude a dar sentido a lo ocurrido, a menudo crean Partes del Yo o amigos imaginarios para ayudarse. Si estas partes que ayudan no son integradas en el curso del desarrollo, toman vida propia y más tarde pueden interferir con el funcionamiento del Sistema del Yo.

A veces durante el Protocolo Estándar de ICV se puede notar que hay una Parte que está intentando interrumpir el proceso de integración. Imágenes distorsionadas, imágenes tipo dibujos animados, formas no humanas, entran en la visualización y son todas ellas indicadoras del trabajo de una Parte. Los clientes cuyos cuerpos sufren sacudidas involuntarias durante los Cambios de Estado cuando están recorriendo la Línea del Tiempo a menudo tienen partes disociadas en sus sistemas del Yo.

Si, al utilizar el Protocolo Estándar de Integración del Ciclo Vital, al Yo Adulto no le gusta el Yo Infantil, el problema puede ser que el "Yo Adulto" no sea realmente el Yo Central, sino más bien una Parte. Si el cliente expresa rechazo hacia el Yo Infantil, el terapeuta puede terminar la sesión haciendo que el cliente le lleve imaginariamente a la visualización para cuidar a su Yo Infantil traumatizado. El terapeuta debe continuar las repeticiones hasta que el recuerdo fuente en cuestión quede limpio. Aquellos clientes que no les guste su Yo Niño no están preparados para el Protocolo Estándar de ICV.

Los clientes con Sistemas del Yo fragmentados necesitarán comenzar con el Protocolo del Vinculación ICV y otros protocolos de estructuración. Las repeticiones del Protocolo de Vinculación, cuando es administrado por un/a terapeuta ICV con experiencia y coherencia interna, ayudará a los clientes fragmentados a construir una estructura del yo y a establecer conexiones más sólidas con su Self Central.

Si el sistema está fragmentado, hay que construir un Self Central o el Self existente debe ser fortalecido antes de que las Partes puedan ser integradas. El trabajo con Partes no será eficaz si no hay ningún Yo Central, los resultados positivos serán limitados cuando el Yo central es débil.

A menudo en el proceso de fortalecer al Self Central, las Partes se integrarán automáticamente en el sistema y ya no serán problemáticas.

El Protocolo Estándar de Integración del Ciclo Vital está esbozado más abajo. Se trata tan solo de un esquema y no pretende ser una guía para que los terapeutas usen el método. ICV es una terapia extremadamente eficaz y poderosa. Cualquier terapeuta que desee utilizar este método debe asistir y aprobar los cursos de formación y llevar un seguimiento con la supervisión de un consultor de ICV certificado. Un terapeuta sin experiencia ni entrenamiento que intente usar este método puede activar material del cliente sin hacer una completa integración del mismo. Hacer ICV sólo medianamente bien puede no ayudar al cliente y puede incluso dañarle.

El Protocolo Estándar de Integración del Ciclo Vital

Nota: Los pasos 1 y 2 se hacen sólo una vez, al principio de la sesión. Todas las repeticiones comienzan en el paso 3.

Paso1
Encontrar el Recuerdo Fuente más conectado con el problema actual a través de un Puente Emocional

Pide al/la cliente que se centre en las sensaciones corporales cuando plantea su problema actual (O cuando visualiza o "escucha" un recuerdo auditivo de un incidente disparador).

Pide al/ la cliente que cierre los ojos, que vacíe su mente y que te informe cuando algún recuerdo aparezca espontáneamente.

Después de dos o tres intentos, si no aparece ningún recuerdo, el cliente tiene que elegir un recuerdo en el que se sintiera de la misma forma que se siente ahora con el problema actual. Esto probablemente no resuelva el problema actual pero debería solucionar el recuerdo elegido.

Paso 2
Discusión del Recuerdo Fuente

Pídele al/la cliente que te hable del Recuerdo Fuente que ha surgido o del recuerdo no resuelto del pasado que ha elegido.

Paso 3
El cliente regresa a la edad del Yo Infantil en la escena del recuerdo y se centra en las sensaciones corporales. El Yo Adulto del cliente entra en la Escena del Recuerdo para ayudar al Yo Infantil.

Pide a la cliente que vuelva al recuerdo fuente, para volver a ser la niña en la escena del pasado.

Pide a la cliente que se centre en las sensaciones que nota en el cuerpo.

Da instrucciones a la cliente para que se imagine a su Yo Adulta entrando en la escena del recuerdo y pídele que te avise cuando la Yo Adulta ya esté allí.

Cuando la cliente informa de que su Yo Adulta ya está dentro de la escena del recuerdo, el terapeuta dice: "Dile a tu Yo Niña que tú eres su Yo Adulta y que has venido a tiempo para ayudarla".

Paso 4
Llevar al Yo Infantil a un lugar tranquilo

Pide al cliente que se imagine llevándose a su Yo niño de la escena del recuerdo a un lugar tranquilo. El lugar puede estar en cualquier parte del mundo. Debería ser un sitio donde el niño puede relajarse, y donde el Adulto y el Niño puedan charlar cómodamente. Puede ser también un lugar imaginario. El lugar debe estar en el pasado o fuera del tiempo (es decir, no en el presente).

Paso 5
Proporcionar información actualizada al Yo Infantil.

En el lugar tranquilo, la terapeuta sugiere al cliente:
1) Que atienda imaginariamente las necesidades del niño.
2) Que le diga a su Yo más joven:
   "_____ ocurrió hace mucho tiempo y ya ha terminado."

La terapeuta guía al cliente, proporcionándole palabras que puede decir a su Yo Niño. La información debe ser breve y debe ir al grano. El terapeuta puede también dirigir las intervenciones. El terapeuta determina lo que necesita el niño traumatizado y lo que necesita oír. Mantén frases breves y utiliza un lenguaje apropiado. Este paso debe llevar sólo uno o dos minutos como máximo.

El cliente transmite esta información a su Yo Niño en silencio e internamente.

Importante: El terapeuta nunca habla directamente al Estado Infantil del cliente. La conversación es generada por el terapeuta y pasa por el Yo Adulto del cliente hasta llegar al Yo Infantil.

Paso 6
La Línea del Tiempo de imágenes y recuerdos cronológicos.

El cliente le dice a su Yo infantil que le va a enseñar cómo ha crecido.

El terapeuta lee los recuerdos clave al cliente empezando por la clave escrita en el año inmediatamente posterior al año del Recuerdo Fuente.

El terapeuta le pide al cliente que asienta o incline la cabeza después de cada recuerdo. El terapeuta se mantiene sintonizado con el cliente. Tras cada asentimiento, el terapeuta lee el siguiente recuerdo. Si el cliente comienza a desbordarse, el terapeuta se mantiene sintonizado y continua a través de los recuerdos asegurándose de que el paciente le sigue.

Paso 7
Se trae al Yo Infantil al Presente

Cuando el cliente alcanza la imagen del recuerdo de su edad actual, el terapeuta le instruye para llevar al Yo Infantil a la casa en la que el Yo Adulto vive ahora.

El terapeuta instruye al cliente para que presente al Yo Infantil a los miembros de su familia y para repetir algunos de los puntos clave de la Conversación Interna, por ejemplo: "Dile que está a salvo, que (el evento traumático) ya pasó, y que ella es importante para la Yo Adulta, etc... Sé breve y utiliza las frases más adecuadas para ese momento.

El terapeuta instruye al cliente para que le pregunte al Yo Infantil si tiene alguna pregunta.

El Yo Adulto responde a las preguntas del niño con ayuda del terapeuta si es necesario.

FIN DE LA REPETICIÓN
Tomad un descanso. Durante el descanso el terapeuta pregunta:

Si han aparecido recuerdos nuevos.

Si el ritmo a través de la Línea del Tiempo era adecuado o demasiado rápido o demasiado lento.

Cómo ve al Yo Infantil ¿Cuál fue la pregunta del Yo Infantil (si la había)?

¿Está el niño receptivo? ¿Atento? ¿Distraído? ¿Deprimido? ¿Nervioso? ¿Entusiasmado al ver al Yo Adulto? ¿Desconfía del Yo Adulto?

Después del descanso regresa al **Paso 3**. Repite los **pasos del 3** al **7** con breves descansos entre las repeticiones.

Continúa con las repeticiones del **Paso 3** al **7** hasta que las siguientes 3 condiciones se hayan alcanzado:

1) El Yo Infantil tiene una comprensión sólida de que ahora es parte del Yo Adulto.
2) El Yo Infantil no tiene más preguntas o preocupaciones sobre el pasado
3) El cliente informa de que han surgido espontáneamente, durante la última repetición de la Línea del Tiempo, una proporción significativa de recuerdos e imágenes positivas.

En la última repetición de los **pasos 3** al **7**, una vez que el Yo Infantil está en el presente y en la casa donde el cliente vive ahora, si el niño no tiene más preguntas, la terapeuta le da tiempo al cliente para decirle a su Yo Infantil cualquier cosa que le gustaría decirle.

La terapeuta ahora instruye al cliente adulto para permitir que el Yo más joven se funda en el adulto. Esta fusión es simbólica y no es imprescindible.

Paso 8
Revisión del Recuerdo Fuente

El terapeuta le pide al cliente que otra vez vea la escena del pasado y que sea consciente de lo que siente en su cuerpo al ver la escena.

Si la integración está completa, las sensaciones en el cuerpo del cliente serán neutrales o de calma, el niño estará actuando de una manera normal y apropiada para su edad en la imagen, o no estará más en la misma.

Si el cliente informa de que todavía siente malestar en su cuerpo al volver al Recuerdo Fuente, vuelve al *Paso 3* y repite los *Pasos 3* al *7*.

Continúa repitiendo los *Pasos 3* al *7* hasta que el cliente sea capaz de ver el Recuerdo Fuente sin sentir ningún malestar en su cuerpo.

Si el cuerpo del cliente está limpio en el *Paso 8*, pasamos al *Paso 9*.

Paso 9
Revisión del Problema Actual

Nota: *Sáltate el Paso 9 si el cliente eligió trabajar el recuerdo utilizado en el Paso1.*

Normalmente el problema actual se siete más resuelto o ya no se ve como un problema. La sesión es considerada completa cuando el Recuerdo Fuente queda resuelto, aún cuando el problema actual del cliente no está completamente solucionado.

Puede haber otros Recuerdos Fuente relacionados con el problema actual que pueden ser atendidos y resueltos en futuras sesiones de LI. A veces el problema actual se resolverá completamente en la primera sesión de LI y otras veces serán necesarias varias sesiones más.

Notas importantes:

Termina de integrar el Recuerdo Fuente antes de entrar a discutir con el cliente acerca de otros recuerdos.

No actives Recuerdos Fuente en medio de una sesión.

Hablar de recuerdos activa las redes neuronales. No le permitas al cliente hablar de recuerdos que surgen a lo largo de la Línea del Tiempo, a menos que estés seguro de que te quede tiempo suficiente de sesión para procesar e integrar esos recuerdos.

Apunta los recuerdos traumáticos que aparezcan; pueden ser procesados en una futura sesión si así lo quiere el cliente.

Cuando la terapia de Integración del Ciclo Vital se realiza correctamente, con suficientes repeticiones de la Línea del Tiempo, no hay necesidad de contener material no procesado al final de la sesión.

Recuerda que la integración es la clave del éxito en ICV. La Línea del Tiempo es el factor integrador. La curación será completa y exitosa si se realizan suficientes repeticiones de la Línea del Tiempo durante la sesión.

Capítulo Cinco
Protocolos de ICV para reforzar la estructura del Self

Hay dos categorías básicas de protocolos de Integración del Ciclo Vital: 1º protocolos para liberar el trauma y 2º protocolos para estructurar. Hasta ahora en este libro, el foco ha estado en los protocolos para liberar trauma. Este capítulo apunta a algunos impactos que el trauma temprano y la negligencia tienen sobre el desarrollo infantil y en cómo este daño temprano puede ser sanado a través de la ICV. Está más allá del alcance de este libro pretender una descripción detallada de los diversos protocolos de construcción de estructuras y cómo se usan específicamente cada uno de ellos. Los profesionales de la salud mental pueden aprender a usar estas técnicas avanzadas en las formaciones de Integración del Ciclo Vital de Nivel 2 y 3.

Efectos del trauma y la negligencia sobre un niño en desarrollo
Cuando los bebés y niños pequeños experimentan traumas tempranos y negligencia sin factores mediadores, son incapaces de integrar algunos segmentos de su experiencia. Cuando el trauma y la negligencia tienen lugar en una época temprana, la memoria del trauma será conservada implícitamente en el cuerpo-mente del/la niño/a. La memoria implícita es la memoria emocional y somato-sensorial. Es distinta de la memoria explícita en que aquella no se asocia a eventos recordados y no está localizada temporalmente. Los individuos que mantienen recuerdos implícitos de trauma temprano en su cuerpo-mente pueden activarse fácilmente sin saber por qué. Los supervivientes de abuso infantil y negligencia, a menudo evitan algunas actividades y conductas, esperando evitar la activación de sus recuerdos implícitos.

Los bebés y niños pequeños no son capaces de manejar sus estados emocionales. Un/a progenitor/a en buena sintonía usa sus propios sistemas neurobiológicos para regular los estados emocionales de su hija/o en desarrollo desde el principio de su vida, continuando hasta que ese niño ha internalizado la habilidad de auto-regularse.

"La regulación externa de los sistemas emocionales aún inmaduros del niño en desarrollo durante periodos críticos particulares, puede representar el factor esencial de influencia en el desarrollo basado en la experiencia de ciertas áreas del cerebro posteriormente envueltas en la auto-regulación" (Schore, 1994, pgs 31-32).

Por desgracia, no todas las madres y padres son capaces de regular sus propios estados emocionales. Madres que no son capaces de calmarse a sí mismas tampoco son capaces de calmar a un bebé perturbado. En el desarrollo humano normal, los niños aprenden a regular sus emociones dentro de la díada cuidador–niño. Si la cuidadora es incapaz de asistir al pequeño en esta tarea, podría crecer hasta ser un adulto sin nunca haber desarrollado mecanismos para regularse y manejar sus estados emocionales. Como adultos, estos individuos continuarán teniendo dificultades para regular sus emociones y calmarse a sí mismos.

Muchas personas que son incapaces de autoregularse emocionalmente acaban apoyándose en sustancias externas tales como alcohol, drogas y comidas; o conductas como comprar, apostar o tener sexo de manera desenfrenada. Usan estas sustancias o conductas para regular sus emociones, a menudo con consecuencias o efectos secundarios realmente dañinos.

ICV usada para regulación emocional y apego

El apego seguro en los humanos se origina a través de un proceso interactivo entre padres e hijos. Los estados mentales en sintonía entre progenitor/a y niño/a en desarrollo son claves para la posterior habilidad de ese niño/a de establecer apegos y regular sus emociones. Una progenitora con apego seguro será capaz de captar las necesidades tempranas de apego de su criatura. Una niña que es amada y atendida comprenderá en un nivel profundo que es importante, digna de amor y valiosa. Crecerá como una adulta con apego seguro. Padres con un apego inseguro pasarán involuntariamente sus estilos de apego inseguro a sus hijos.

Una criatura que experimenta trauma temprano y negligencia, a menudo fallan en integrar un self central sólido durante la 'ventana' de desarrollo temprano, cuando esta integración tiene lugar. Cuando los niños pequeños son maltratados o pasan de un cuidador a otro (como en el sistema foster care, o sistemas de acogida), son incapaces de formar un sistema interno total y congruente. Estos niños crecerán convirtiéndose en adultos con un estilo de apego preocupado, evitativo o temeroso. Las terapeutas ICV, a través de las repeticiones del Protocolo de Vinculación, son capaces de dar a estos adultos una segunda oportunidad de elaborar un self más sólido y un estilo de apego seguro.

"La sintonía de los estados de la mente es el camino fundamental en el que la actividad cerebral de una persona influye directamente en otra. La comunicación colaborativa permite a las mentes a 'conectar' unas con otras. Durante la infancia, tales conexiones humanas permiten la creación de conexiones cerebrales que son vitales para el desarrollo de la capacidad humana de autoregulación." (Siegel, 2012, p. 94)

Sesiones regularmente repetidas del Protocolo de Vinculación de Integración del Ciclo Vital, fortalecerá el self central del cliente y traerá más coherencia al sistema del self del cliente. Esto pasa a través de un proceso que es muy similar al proceso de integración neurológica que sucede durante el desarrollo normal de un niño/a pequeño/a.

"La sintonía entre padres e hijos o entre terapeuta y paciente, envuelve la alineación intermitente de los estados de la mente. Al tiempo que dos estados individuales se alinean, ocurriría una forma de lo que podríamos llamar "estado mental de resonancia", en el cual el estado de cada persona influye y es influido por la otra". (Siegel, 2012, p. 95)

Siguiendo al fortalecimiento del self central del cliente, los terapeutas son capaces de reparar rupturas en el apego que pueden haber ocurrido en varias etapas del desarrollo. Una terapeuta de ICV que está en sintonía con su cliente puede usar los protocolos de estructuración y regulación afectiva para reparar deficiencias en el apego temprano. De manera similar a como un progenitor sintonizado participa en la co-creación de conexiones neuronales vitales y patrones de disparo en un bebé en desarrollo o niño pequeño, los terapeutas que han integrado coherencia interna y apego seguro, pueden usar los protocolos de estructuración de ICV para sintonizar con sus clientes mientras los 'sostienen' imaginariamente. De esta manera, los terapeutas son capaces de 'sostener' a sus clientes dentro de su ventana de tolerancia, mientras les guía a través de claves de recuerdo de toda su vida. Los estados afectivos experimentados durante la sesión son sentidos por ambos, terapeuta y cliente. El cliente se siente 'acogido' y 'contenido' mientras re-experimenta los eventos de su vida, incluyendo los de carácter traumático. Por medio de contemplar repetidamente su historia vital y experimentando niveles tolerables de emoción, el cliente es capaz de re-procesar el modo de archivar los recuerdos en su sistema. Los estados anímicos asociados con la re-experimentación de recuerdos se verán integrados en el sistema neurobiológico preexistente del paciente, durante cada repetición de la Línea del Tiempo de ICV.

Integración con la Línea del Tiempo de ICV
Los niños pequeños comienzan viéndose a sí mismos como muchos yoes diferentes, cada uno de ellos asociado a un estado emocional o experiencia específica. A través de la co-construcción de su narrativa autobiográfica, gradualmente un niño pequeño se verá a sí mismo como un yo unificado. Este yo unificado engloba todas sus experiencias y estados emocionales hasta su edad actual.

"Las narrativas co-construidas en un entorno de acogimiento emocional, puede proveer la matriz necesaria para la integración psicológica y neurobiológica requerida a fin de evitar reacciones disociativas." (Cozolino, 2002, pg. 264)

Tras muchas sesiones con Protocolos de estructuración de ICV, los clientes que al inicio de su terapia ICV tenían huecos de memoria, serán capaces de conectar las piezas de su vida en un todo coherente.

Los terapeutas con coherencia interna y experiencia consiguen mejores resultados

La efectividad de los protocolos de estructuración se correlaciona de manera directa con el conocimiento, la experiencia, habilidad y coherencia del terapeuta administrador. Para reparar con efectividad el daño temprano y construir un núcleo sólido en el paciente, ICV requiere un/a terapeuta que sea capaz de mantener una sintonía profunda con el paciente a lo largo de toda la sesión.

Dado que la calidad y el éxito de cualquier trabajo con ICV estará en proporción directa con cuánto trabajo personal haya hecho el terapeuta para sanarse a sí mismo, a través de sus propias relaciones, su propia psicoterapia y a través de seguir un camino o disciplina que mejore y profundice la coherencia cuerpo-mente.

Muchas personas han tenido la experiencia de sentir una energía muy pacificadora en la presencia de una persona coherente, enraizada, amorosa y abierta. Cuando uno siente esta paz y armonía en la presencia de un maestro espiritual, por ejemplo, uno siente la armonía y la coherencia de su campo electromagnético. Para mejores resultados, con los protocolos estructurantes de ICV la terapeuta debería estar enraizada, coherente, abierta y cálidamente afectiva. Cuando entra en sintonía con un cliente durante la ICV, el terapeuta entra en un estado profundo, afectivo, abierto y en paz. El terapeuta se mantiene en este estado a lo largo de la sesión y profundiza en él según progresa la sesión. Durante una sesión ICV el campo electromagnético entre el cliente y la terapeuta debería replicar la conexión energética ideal entre recién nacido y sus padres o cuidadores principales. En esencia, la terapeuta 're-parentiza' el self del recién nacido interno del cliente, a través de un estado mental de resonancia que se establece cuando la terapeuta sintoniza con el cliente. Cliente y terapeuta se benefician de la habilidad del terapeuta para entrar en un estado profundo, coherente, pacífico y amoroso. En cualquier relación armonizada ambas partes se benefician.

Un sistema bien integrado es coherente. Personas con apego seguro tienen narrativas vitales más coherentes. Aquellas con déficits de coherencia tienden a no apercibirse de que falta algo. Cuando se vuelven más coherentes es cuando son capaces de notar la diferencia en sí mismos, comparado con el estado previo de menor coherencia.

Estando emocionalmente comprometidos con una terapeuta coherente y armonizada, los clientes 'descargarán' la habilidad de la terapeuta para autoregularse. Así, los clientes 'aprenden' nuevos patrones de disparo neuronal y nuevas formas de autoregularse. A través de las repeticiones de su Línea del Tiempo (su historia de vida) en presencia de una terapeuta en sintonía, sus sistemas del self se vuelven más coherentes con el tiempo. Esto se refleja en mejoras de su habilidad para crear apegos seguros y para regular sus emociones. Tras una terapia ICV, las personas se encuentran a sí mismas reaccionando espontáneamente ante los estresores cotidianos, de maneras más apropiadas a su edad. Suelen sentirse mejor con sus vidas, sus trabajos, sus relaciones y consigo mismas

Capítulo Seis
Uso de la Visualización y de la Imaginación Activa

Describir las múltiples maneras en las que se pueden usar terapéuticamente la visualización y la Imaginación Activa está más allá del alcance de este libro. Los terapeutas que no hayan utilizado la visualización en su trabajo antes de utilizar Integración del Ciclo Vital pueden, a pesar de todo, tener buenos resultados con la misma, pero no tendrán tanto margen de versatilidad. Hacerse más fluido en el uso de la visualización, como un lenguaje terapéutico, te permitirá más libertad para improvisar durante los pasos 5 y 7 del Protocolo de Integración del Ciclo Vital.

Se puede encontrar un resumen excelente de los pasos básicos de la Imaginación Activa en el libro de Robert A. Johnson: Inner Work: Using Dreams and Active Imagination for Personal Growth. Para una exploración más completa de la técnica de la Imaginación Activa según la desarrolló C. G. Jung, leer el libro de Barbara Hannah: Encuentros con el Alma. Los junguianos utilizan la Imaginación Activa para establecer diálogo con varios arquetipos o Partes del Yo que residen en el inconsciente. Jung utilizó la Imaginación Activa en sí mismo y, más tarde, la recomendó a muchos de sus pacientes como un modo de conectar con aspectos del Yo inconscientes, sin embargo la aproximación de Jung no implicaba al terapeuta en el proceso del paciente.

Durante la terapia de Integración del Ciclo Vital, la Imaginación Activa se utiliza para traer información y apoyo al Yo Infantil en la escena del recuerdo. El cliente imagina que encuentra a su Yo Infantil en el pasado en donde puede que se quedara traumatizado. El terapeuta de ICV no guía la imaginación, sino que pregunta al cliente que está ocurriendo en su imaginación. Entonces el terapeuta ayuda al cliente sugiriéndole diferentes maneras de responder ante lo que el cliente está "viendo" internamente. El terapeuta sugiere diferentes maneras para que el cliente interaccione con su Yo Infantil y lo que decirle durante la Conversación Interna. El terapeuta nunca utiliza "imaginación guiada", ya que esto podría interferir en los procesos inconscientes del cliente. En la terapia de ICV, la imaginación surge de la mente inconsciente del cliente. El proceso de visualizar imágenes frecuentemente ofrece información simbólica, de la misma manera en que sucede en los sueños.

Algunas reglas generales al utilizar la Imaginación Activa en la terapia de Integración del Ciclo Vital son las siguientes:

- La Imaginación Activa es un método que permite a la persona trabajar de forma interactiva con su material interno.

- El terapeuta sugiere o guía, de tal forma que permite que el material interno del cliente se presente por sí mismo.

- El terapeuta pregunta al cliente sobre lo que está sucediendo en su imaginación, cómo ve al Yo niño, qué es lo que está haciendo, etc.

- El terapeuta utiliza sus habilidades terapéuticas y su conocimiento de los niños para determinar qué intervenciones ayudarán más al niño en la escena del trauma.

- El terapeuta guía al cliente adulto proponiéndole qué decir a su Yo Infantil, utilizando palabras que un niño de esa edad podrá entender.

- El terapeuta, así mismo, instruye al cliente adulto sobre cómo comportarse con su Yo Infantil: cómo protegerle, defenderle, consolarle...

En Integración del Ciclo Vital, la imaginación se utiliza para re-visitar el pasado y así poder trabajar con los Estados Infantiles que quedaron atrapados allí. Estos Estados Infantiles no cuentan con una visión más amplia del Yo global disponible para ellos. Debido a que están encerrados en un marco temporal de la infancia, no siempre son conscientes de los cambios que se han dado con el paso del tiempo. En la terapia de Integración del Ciclo Vital, el terapeuta instruye al cliente para que lleve información al niño en el pasado. Durante la sesión de ICV, el cliente adulto regresa para ser el Yo Niño. Es capaz de repetir las frases sugeridas a su Yo Niño, pero no está plenamente presente como Yo Adulto y por eso no es capaz de reflexionar sobre lo que el niño necesita. En cierto sentido, durante la sesión de ICV, el cliente adulto vuelve a ser un niño otra vez y agradece tener un adulto competente (el terapeuta) que puede hacerse cargo y hacer lo que sea necesario para ayudarle. Esto fue lo que faltó en el momento del trauma real.

Al utilizar la Imaginación Activa, tanto los recuerdos como las imágenes se presentarán automáticamente y, a menudo, estarán entrelazados. La visualización es simbólica y puede ser interpretada de la misma manera en que lo son los sueños. A menudo la visualización que se presenta dará, al cliente y al terapeuta, una comprensión que es imposible lograr hablando. Un buen ejemplo de esto fue la imagen de un tótem que surgió en una cliente con TID durante una sesión de Integración del Ciclo Vital. Ella había estado luchando durante algún tiempo para comprender el concepto de que todos sus Alter compartían el mismo cuerpo y mente. Lo podía entender intelectualmente, pero en un nivel más profundo no lo podía aceptar. Cuando su propio sistema cuerpo-mente le presentó la imagen del tótem, al principio se sintió confundida. Al describir esta imagen, ella se dio cuenta de que todos los seres del tótem estaban tallados en el mismo bloque de madera, igual que todos sus Alter compartían el mismo cuerpo. Esta imagen, que se generó espontáneamente, le ayudó a comprender que ella **era** realmente un cuerpo-mente.

Al trabajar con Estados Infantiles que se quedaron congelados en el pasado, la Imaginación Activa puede ser utilizada para transmitir seguridad, apoyo y cuidado. Contarle con palabras al bebe o al niño que ahora está a salvo, no tiene sentido. A través de la Imaginación Activa, el cliente adulto (guiado por el terapeuta) crea las condiciones de seguridad, apego y sintonía para que puedan ser sentidas por el Estado Infantil bebé o niño pequeño.

Cómo se guía la Conversación Interna

Integración del Ciclo Vital utiliza una Conversación Interna guiada entre la cliente adulta y su Estado del Ego Infantil como una forma de traer perspectiva e información actualizada a la niña del pasado. La base de esta aproximación se explica en el Capítulo 3, "Neurociencia Aplicada". El terapeuta desempeña un papel muy activo en esta conversación, actuando como un puente entre la cliente adulta y su Yo Infantil disociado. Durante los descansos, el terapeuta consulta con la cliente adulta para encontrar qué es lo que echó en falta en el momento del trauma y qué es lo que le gustaría a la adulta, desde su perspectiva actual, que la niña entendiera. Más adelante en el Protocolo, el terapeuta pone esta información en palabras que la niña pueda comprender y se la da a través de la adulta. Como en la terapia en general, es importante respetar las creencias y valores de la persona cuando se la guía en la Conversación Interna. Esto no debería presentar ningún problema, mientras el terapeuta guíe la Conversación Interna de una forma que aporte sólo la información y apoyo que el Yo Infantil necesite para resolver el trauma del pasado.

Algunas veces el Estado del Ego Infantil necesita algo más que información actual para poder dejar el pasado atrás. El terapeuta pide información a la cliente adulta sobre la respuesta de la niña a la nueva información. ¿Cree la niña la información que le dan? ¿Tiene preguntas? Hay que pensar que el diálogo interno guiado, entre la persona y su Yo Infantil, es un medio para aportar a éste último las intervenciones terapéuticas que le habrían ayudado en el momento del trauma, si hubiera tenido disponible entonces un apoyo adecuado. Estas mismas intervenciones ayudarán ahora a la Yo Niña, no importa cuántos años hayan pasado, debido a que el Estado del Ego Infantil no ha tenido acceso a los recursos que tiene la adulta ahora. Cuando se trabaja con la niña en la adulta sólo se tendrán buenos resultados si se utiliza las intervenciones y el lenguaje apropiados para la edad de aquélla. Los terapeutas que utilicen Integración del Ciclo Vital tendrán mejores resultados si tienen una buena compenetración con los niños y comprenden los principios básicos del desarrollo infantil.

"Recuerdos" construidos

Cuando las personas nos dicen que tienen pocos recuerdos de su infancia, pero tienen información sobre los hechos ocurridos, procedente de fuentes fiables, la terapeuta puede usar "recuerdos construidos". Este término se utiliza para evitar la confusión y los posibles problemas asociados con el "síndrome de recuerdos falsos". Si los hechos ocurridos en la primera infancia se conocen y son verificables, el recuerdo real no es necesario. Un recuerdo construido es, simplemente, un marco. Es necesario ajustarse a los hechos que se conocen.

Por ejemplo: Tenemos un cliente que ha crecido en una familia violenta. La información real que el cliente ha dado es que su padre adoptivo golpeó a su madre en varias ocasiones, comenzando cuando el cliente tenía 3 años de edad y durando hasta que se divorciaron cuando el cliente tenía 8 años. Su madre le ha contado que presenció la mayoría de las peleas y que incluso intentó detener a su padrastro. Él no tiene ningún recuerdo de esa violencia, pero la ha confirmado con su abuela, sus primos y sus hermanos mayores. Tu cliente está teniendo problemas con las relaciones íntimas y cree que su historia infantil es parte del problema.

El trauma temprano puede ser abordado utilizando Integración del Ciclo Vital incluso sin que haya un recuerdo real:

1) Pedir al cliente que se imagine a sí mismo a la edad de tres años de edad mirando como su padre golpea a su madre.

2) Pedir estar en contacto con lo que siente en su cuerpo al ver esta escena construida.

3) Utilizar el Protocolo de Integración del Ciclo Vital para abordar este "recuerdo" comenzando con el Paso 3.

En el ejemplo anterior, el cliente fue testigo de esta violencia durante un período de cinco años. La integración del recuerdo implícito de los tres años, tal y como lo hemos descrito, no va a integrar necesariamente otros recuerdos implícitos que el cliente puede estar manteniendo al haber sido testigo de esta violencia en diferentes edades y etapas de desarrollo. Para asegurarnos que todos los recuerdos implícitos de este período de tiempo son integrados debemos abordar recuerdos construidos para diferentes edades entre los 3 y los 8 años (quizás a los 3, a los 4, a los 6 y a los 8 años).

Si el cliente tiene sensaciones en su cuerpo cuando imagina la escena del recuerdo construido, entonces está conectado con el recuerdo implícito de un hecho que fue similar en su infancia. El Protocolo de Integración del Ciclo Vital conecta al Estado del Ego Infantil y los recuerdos corporales asociados con el Yo actual del cliente y con el terapeuta, permitiendo que la energía e información alcancen al Estado del Ego que está congelado en el pasado. Después de suficientes repeticiones de los Pasos 3 al 7 del Protocolo Estándar de ICV, pueden empezar a surgir los recuerdos reales; sin embargo, no es necesario que llegue a recordar realmente las peleas que presenció como niño.

La Sala de Reuniones Interna

La sala de reuniones interna es una técnica de imaginación que puede utilizarse para acceder a los contenidos inconscientes del cliente. No es recomendable utilizarla con clientes que aún no tienen un Self Central sólido. Los terapeutas que empleen la sala de reuniones para "ir a pescar" partes fragmentadas del Yo, corren el riesgo de activar partes polarizadas del cliente. Estas partes protectoras y enfadadas, una vez activadas, pueden permanecer activas durante más de una semana tras una sesión de ICV, a menudo creando caos dentro del Sistema del Yo del cliente. Muchos clientes que tienen partes "perdidas" no tienen un sistema del yo coherente. Estos clientes se beneficiarán más al hacer varias sesiones del Protocolo de Vinculación de Integración del Ciclo Vital.

La técnica de la Sala de Reuniones Interna

1) Pide al cliente que se imagine nueve escalones descendiendo desde el nivel del suelo hasta una puerta. Dile que en el otro lado de la puerta encontrará una sala de reuniones donde partes de él mismo pueden encontrarse para conversar y resolver conflictos internos. Instruye al cliente para que cierre sus ojos y se relaje y que imagine que está descendiendo estas escaleras según escucha la cuenta atrás de 9 al 1.

2) Cuenta del 9 al 1, haciendo coincidir cada número con la exhalación del cliente.

3) Cuando termines de contar di: "Ahora estás al final de las escaleras y cuando estés preparado puedes abrir la puerta que tienes delante que conduce a tu sala de reuniones interna." Pide al cliente que entre en la sala de reuniones y que pida hablar con la parte de sí mismo responsable del tema que esté siendo trabajado.

4) Cuando el cliente indica que ha localizado la parte, habla con él sobre lo que ha visto en esa parte.

Una vez que la parte escogida ha sido localizada, el cliente adulto, guiado por la terapeuta, mantiene una Conversación Interna con la parte, vuelve a negociar el rol de la parte en el Sistema del Yo y entonces demuestra a la parte que ha pasado el tiempo, yendo a través de los Pasos 6 y 7 del protocolo de Integración del Ciclo Vital. En el Paso 6 comienza la Línea del Tiempo a la edad que la persona tenía cuando la parte desarrolló su rol en el Sistema del Yo. La parte es así capaz de ver (a través de imágenes) que las condiciones que estaban presentes cuando el Sistema del Yo la desarrolló han cambiado.

La parte "ve" que ahora hay más opciones y que tiene a su disposición diferentes funciones que podrían ser de más ayuda para el sistema y que serían más divertidos para ella. La asignación de un nuevo papel o "trabajo" ayuda a que la parte se sienta valorada por el Sistema del Yo. Pedirle a una parte que simplemente deje su vieja y problemática conducta a menudo no tendrá éxito porque esa vieja conducta es la única "vida" que la parte ha tenido. Las partes a menudo temen que dejar su viejo rol signifique su muerte. Asignar a la Parte un nuevo papel es una manera de desviar su atención del papel problemático. El nuevo papel o "trabajo" puede ser, simplemente, jugar o cantar para disfrutar la vida. Si la parte que se quiere integrar se separó del Sistema del Yo cuando el cliente tenía tres años de edad, entonces el nuevo papel debería ser algo que un niño de tres años pueda hacer.

A menudo una Parte se siente aliviada al ver lo que ha ocurrido con el paso del tiempo. Cuando es consciente de que está a salvo y de que no tiene que estar constantemente vigilando, puede informar de que se siente agotada de trabajar durante años para proteger al Yo Niño. La Parte puede estar demasiado agotada para pensar en coger un nuevo rol. Si este es el caso, guía al cliente para que visualice un lugar en tiempo presente, real o imaginario, en el que la Parte pueda descansar y dormir.

En el Paso 7 del Protocolo de Integración del Ciclo Vital, el cliente adulto, otra vez guiado por la terapeuta, revisa con la Parte lo que se ha negociado para su nuevo papel o función. El cliente entonces le pregunta a la Parte si está de acuerdo con abandonar la vieja (problemática) función y reemplazarlo con la nueva acordada. El cliente le explica a la Parte que ella vive ahora en el presente como parte del Yo.

Los pasos 5, 6 y 7 de este Protocolo Estándar modificado, pueden repetirse cuatro veces o más. Al final de la última repetición la Parte puede fundirse en el adulto si lo desea. Una fusión exitosa no es señal de integración. Si el cliente no tiene un Self Central sólido, este trabajo en imaginación puede parecer exitoso pero generalmente no permanecerá.

Capítulo Siete

Tratamiento de los Trastornos de la Conducta Alimentaria

El Trabajo con la Anorexia

La anorexia normalmente se desarrolla durante la adolescencia. Las anoréxicas son extremadamente resistentes a mantener un peso corporal normal y sano. Sienten que tienen éxito cuando son capaces de perder peso, incluso si su peso es ya peligrosamente bajo. Las anoréxicas a menudo pasan una cantidad desmesurada de tiempo pensando en la comida y planeando qué comer. Con frecuencia tienen controles rígidos y rituales alrededor de su ingesta de comida, regulando qué es lo que van a comer, cómo y dónde lo van a comer. Muchas anoréxicas se dedican también a un ejercicio excesivo y compulsivo. No creen que tengan un problema, a pesar de todas las evidencias en contra. Sienten que saben más y que son superiores a aquellas personas que quieren ayudarlas. Encuentran un desafío en demostrar que tienen más fuerza de voluntad y control sobre ellas mismas que otras personas, lo que parece que les da un sentido de realización.

He encontrado que con todas las personas anoréxicas con las que he trabajado el Estado del Ego responsable de la relación con la comida era una adolescente. Esta Parte adolescente ha secuestrado o se ha hecho cargo del funcionamiento del Sistema del Yo. La Parte anoréxica o Estado del Ego está atrapado en el pasado con la creencia de que el cuerpo es demasiado grande o demasiado gordo. Mirarse al espejo no sirve de ayuda desde que la Parte anoréxica ve la imagen del cuerpo del pasado en lugar de la imagen actual de bajo peso.

La Terapia de Integración del Ciclo Vital puede ayudar a la cliente anoréxica a integrar la parte del Yo que se ha hecho cargo del control de la ingesta de comida. El método siguiente muestra cómo se utiliza ICV para "hacer ver" a la Parte anoréxica atascada cómo ha pasado el tiempo y cómo su cuerpo realmente ha cambiado. La "Parte" del Sistema del Yo a cargo del comportamiento anoréxico queda realmente sorprendida al ver el cambio en la silueta corporal. En jóvenes anoréxicas que estaban estables y en su peso normal antes del inicio de la anorexia, he podido ver una completa y casi milagrosa recuperación tras una o dos sesiones de ICV centrándonos en la integración de la Parte anoréxica. Si la anorexia se coge pronto, hay mucha más probabilidad de una completa recuperación. Si el comportamiento anoréxico se ha presentado y reforzado durante muchos años, el tratamiento con ICV puede o no ayudar. Para anoréxicas con historias de trauma temprano o abandono, es mejor utilizar el

Protocolo del Nacimiento al Presente para establecer un Self Central sólido antes de intentar integrar al Estado del Ego anoréxico.

Para tener éxito a la hora de trabajar con un adolescente es importante darse cuenta que no están interesados en escuchar a los adultos. Lo que funciona bien es darles información y elecciones, negociando con ellas de una manera respetuosa.

El Método de Tratamiento utilizado

Explicar a la cliente:

- Hay una Parte de ella que está intentando ser de ayuda, haciendo que tenga buen aspecto, pareciendo perfecta, popular, etc.

- Esa Parte se ha hecho demasiado poderosa y ahora se está apoderando del sistema.

- Esto crea un problema para otras partes de sí misma desde que su vida gira en torno a la comida y a la evitación de la comida.

- Mucha gente crea Partes de sí mismas para abordar varios problemas; sin embargo, se funciona mejor cuando todas las partes pueden trabajar juntas como un equipo.

Luego pregunta a la cliente si estaría de acuerdo en ir al interior de ella misma y tener una conversación con la Parte que se ha hecho cargo de su relación con la comida. Asegúrate de la cliente esté de acuerdo contigo en la meta, es decir, el resultado que le gustaría obtener. Normalmente, la meta de la cliente en este punto no es ganar peso. La meta podría ser lograr una mayor autoaceptación, o estar menos preocupada u obsesionada con la comida, la grasa corporal, parecer o ser perfecta. Es importante acordar una meta conductual concreta antes de proceder.

La terapeuta cuenta del 9 al 1 y le pide a la cliente que cierre sus ojos y que se imagine que desciende unas escaleras que comienzan en el suelo. La terapeuta le pide que cruce la puerta que está al final de las escaleras y que encuentre la parte de ella que está a cargo de la alimentación y de no comer. La cliente informará cuando localice esa parte. (Para más instrucciones de cómo utilizar la técnica de la Sala de Reuniones interna ver Capítulo 6: "Uso de la Visualización y de la Imaginación Activa").

Cuando la cliente indica que ha encontrado esta parte, instrúyela para que encuentre o cree un lugar confortable donde las dos puedan hablar. Cuando la cliente está preparada guía la Conversación Interna entre la adulta y el Estado del Ego responsable de la anorexia.

1) Pide a la cliente que se presente al Estado del Ego anoréxico y que le diga que aprecia el trabajo que ha estado haciendo para ayudarla a perder peso y a tener buen aspecto.

2) Dile que le diga a la parte anoréxica que ha estado haciendo un trabajo tan bueno que está causando algunos problemas (menciona algunas de las posibles consecuencias que sean aplicables, como, quizás, no querer que se le pida que deje de asistir al instituto o la facultad o no querer ser hospitalizada si pierde más peso).

3) Instruye a la cliente para que descubra la edad de la parte. Normalmente la cliente lo tiene bastante claro ya que la Yo joven tiene el mismo aspecto que tenía ella en la época que empezó la anorexia (mismo corte de pelo, misma ropa,... Normalmente la "Parte" anoréxica es una adolescente rellenita) en torno a los 12 o 13 años.

4) Ayúdala para que le explique a la Parte anoréxica que ha habido muchos cambios en su vida y que ha pasado mucho tiempo desde que comenzó a hacer su "trabajo". Pídele que le explique a la Parte que hay otras maneras con las que podría ser de más ayuda ahora, en el presente.

5) Pide que le explique a la Parte anoréxica que ella ahora ha crecido y que es una parte muy importante del Yo Adulto, que vive con ella en el presente. Instruye a la cliente para que le cuente que le va a mostrar con imágenes cómo ha ocurrido esto (cómo ha crecido hasta convertirse en el Yo de la edad actual).

6) Conduce a la cliente a través de la Línea del Tiempo (protocolo de ICV, Paso 6). Para la primera imagen de la Línea del Tiempo pídele que escoja un recuerdo de poco después del comienzo de la anorexia. Luego avanza en la Línea del Tiempo estación por estación hasta el presente. Utiliza una Línea del Tiempo escrita con un recuerdo por estación desde el inicio del comportamiento anoréxico.

En el Paso 7 del protocolo, después de que la cliente haya

7) traído la Parte hasta el presente, instrúyela para comenzar a negociar con ella el nuevo rol que le gustaría desempeñar (qué nuevo trabajo le gustaría tener para el sistema). Sorprendentemente, los trabajos relacionados con la comida están bien. El trabajo podría ser planificar comidas sanas y bien equilibradas.

8) Deja que se tome un pequeño descanso. Después del mismo:

9) Pídele que vuelva a la sala de reuniones y que vuelva a entablar conversación con la Parte anoréxica. Haz que la cliente continúe el proceso de negociar el nuevo rol que la parte desempeñará para el Sistema del Yo. Pídele que le pregunte a la parte sugerencias sobre qué le gustaría hacer que no sea no comer. Repite el paso 6, la Línea del Tiempo, demostrando una vez más a la Parte más joven que ya no es una adolescente rellenita, y continúa con el paso 7.

10) Después de que el nuevo rol haya sido negociado, haz que la cliente le pregunte a la parte si tiene alguna preocupación sobre: a) abandonar el rol de retirar la comida del sistema; y, b) aceptar el nuevo rol. Después de cada sesión de negociación, repite el paso 6, la Línea del Tiempo, y ve al paso 7 trayendo al Yo joven a la vida actual.

Las preocupaciones son, frecuentemente, acerca de engordar. Esto puede ser resuelto guiando a la cliente para que le dé al Estado del Ego anoréxico información sobre qué ocurre durante el proceso de digestión. Puede ser útil coordinarse con un nutricionista que aporte información real. Muchas adolescentes creen que cualquier grasa que coman irá directamente a través de su cuerpo y se depositará como grasa en algún lugar donde ellas no la quieren. Los Estados del Ego anoréxicos a menudo tienen creencias irracionales sobre la relación entre la comida y la ganancia de peso.

Normalmente la parte anoréxica estará de acuerdo en intentar un nuevo rol por lo menos durante una semana. Es importante dejar que el Estado del Ego anoréxico esté a cargo de esta decisión. La mayoría de los Estados del Ego quieren ser de ayuda para el sistema. Pero a menudo tienen ideas equivocadas sobre los comportamientos que son de ayuda.

11) Pide a la cliente anoréxica que de nuevo de las gracias a la Parte anoréxica por trabajar con ella y que le diga que le va a

mostrar otra vez las imágenes de las escenas de su vida que le van a demostrar cómo han cambiado las cosas en los últimos ___ años desde que comenzó la anorexia. Conduce a la cliente a través de la Línea del Tiempo estación por estación otra vez.

12) En el Paso 7, en el presente, instruye a la cliente para que repase de nuevo el acuerdo con la parte anoréxica. Guía a la cliente para que le explica a la parte anoréxica que ha pasado el tiempo, que ahora es mayor, y que es una parte importante de la cliente.

13) Si el tiempo lo permite repite la Conversación Interna en la sala de reuniones, el viaje a través del tiempo y el repaso del cambio de función.

14) Al final de la última repetición guía a la cliente para que le pregunte a la parte anoréxica si se quiere fundir en el cuerpo de la cliente, porque es una parte importante de ésta. No es necesario que lo haga si no está preparada.

En la cita siguiente pide a la cliente que vuelva a la sala de reuniones interna y que encuentre a la parte anoréxica. Dile que le dé las gracias, a la Parte anteriormente anoréxica, por haber realizado una nueva función en el Sistema del Yo. Haz que le pregunte si desea continuar con este nuevo papel en lugar de con el rol anoréxico. Ayuda a la cliente a resolver cualquier preocupación que la parte que antes era anoréxica pueda tener. Ambas pueden querer volver a negociar un nuevo papel para la parte. Una vez que se haya alcanzado un acuerdo entre la cliente y la parte anteriormente anoréxica, conduce a la cliente a través de la Línea del Tiempo, estación por estación, hasta el presente. Pídele que traiga la Parte a su casa actual y que revise el acuerdo una vez más. La Línea del Tiempo se puede repetir otra vez, estación por estación, mientras que la Parte está con la cliente en su casa actual. Al final de la última repetición instruye a la cliente para que le diga a la parte antes anoréxica que ha pasado el tiempo que ahora es mayor y que es una parte importante para el Yo Adulto. Dile que le pregunte a la Parte anteriormente anoréxica si quiere fundirse en el cuerpo de la cliente, ya que son una y la misma persona. Fundirse es opcional.

Toda la Conversación Interna anterior se da entre la cliente adulta y el Estado del Ego anoréxico. La cliente es guiada por el terapeuta sobre qué decir a través de todo el proceso. La cliente da información al terapeuta sobre las respuestas internas que obtiene durante la conversación con el

Estado del Ego anoréxico y de los detalles de cómo ese Estado del Ego se comporta. Basado en esas respuestas, el terapeuta determina qué debe decir o preguntar la adulta al Estado del Ego más joven.

El Trabajo con Bulimia y con personas que se dan atracones

La bulimia se caracteriza por episodios recurrentes de atracones y una falta de control sobre lo que se come durante esos episodios. Para compensar los atracones y para prevenir la ganancia de peso, las personas con bulimia realizan algún tipo de purga, a menudo se provocan el vómito o usan demasiados laxantes. El ejercicio excesivo puede ser también una parte del cuadro. Estas personas a menudo tienen una muy baja opinión de sí mismas y sienten vergüenza de sus atracones y de sus purgas. La bulimia se utiliza también como un acting out de la vergüenza.

Muchas de las clientes bulímicas y de las que se dan atracones informan de un patrón de aprendizaje, desde una edad muy temprana, del uso de la comida para consolarse. Muchas utilizan los atracones de comida para escapar de Estados Emocionales desagradables y para regular las emociones de la misma manera que los alcohólicos utilizan el alcohol. Sin embargo, al contrario que los alcohólicos, que pueden aprender a mantenerse alejados del alcohol, las personas que se dan atracones necesitan seguir comiendo, por lo que tienen que aprender a regular su ingesta. Las personas que se dan atracones tienden a tener problemas con los límites, por lo que a menudo tienen dificultad para establecer los límites para ellas mismas también en otras áreas. Pueden informar de que tienen problemas con los gastos, con las drogas o alcohol, o con su promiscuidad sexual. Muchas de estas conductas excesivas y autodestructivas son intentos de la cliente para calmarse o para regular sus emociones. Para estas clientes, encontrar una manera para calmarse con algo diferente de la comida es crucial para el éxito en el trabajo.

Inmediatamente después del nacimiento, los seres humanos utilizamos la comida, a través de la succión, para consolarnos. La regulación afectiva es "aprendida" en la díada madre-bebé. Las madres que son incapaces de regular sus propias emociones no son capaces de transmitir habilidades de regulación a sus hijos. Para algunos niños, succionar se convierte en una "herramienta" importante para auto-calmarse. Cuando los problemas surgen por el uso de la comida como medio para calmarse, el terapeuta necesitará utilizar el Protocolo del Nacimiento al Presente para "re-parentalizar" al Yo niño dentro del cliente adulto. El terapeuta debe sostener a la muñeca que representa al Yo bebé del cliente y atender al "bebé" mientras mantiene la calma y permanece sintonizado con el cliente adulto. El Protocolo de Vinculación también puede ayudar a los clientes que quieren dejar otras fijaciones orales como chuparse el dedo o fumar.

Cuando utilizamos Integración del Ciclo Vital con personas que se dan atracones y bulímicas, se necesitan muchas sesiones de Vinculación ICV. De cara a reforzar los nuevos patrones neuronales para auto-calmarse, es mejor utilizar el Protocolo de Nacimiento de ICV cada semana, o como mínimo cada dos semanas. Con personas que se dan atracones y bulímicas, el objetivo principal con ICV es que mejoren su habilidad para regular sus emociones. Muchas personas que se dan atracones, al hacerse más expertas en la regulación emocional, son capaces de dejar de darse atracones y de purgarse con bastante facilidad. Los clientes que han pasado por muchas sesiones de Protocolo de Vinculación con un terapeuta experto, informan de que ya no se disocian cuando se dan un atracón. Los que anteriormente se daban atracones, informan de que incluso cuando piensan que quieren darse el atracón, son incapaces de llevarlo a cabo. Sin la capacidad de disociarse, los clientes pueden planificar un atracón, pero generalmente sólo comerán una pequeña cantidad y no querrán más.

En muchos casos, no será necesario abordar la conducta purgante. Cuando las clientes son capaces de calmarse y ya no entran en un estado disociativo en el que se hubieran dado un atracón en el pasado, las conductas purgativas ya no son un problema. Si la cliente aprende a calmarse pero se da cuenta de que continúa comiendo sólo para conseguir el "subidón" que consigue con la purga, es posible entonces que el terapeuta tenga que utilizar el Protocolo de Partes de ICV para integrar la "Parte" que es adicta a las purgas.

Capítulo Ocho
Tratamiento del Trastorno de Identidad Disociativo

En las etapas tempranas del desarrollo humano el Yo no está unificado, sino que se desarrollan muchos yoes y Estados del Yo para responder a las distintas condiciones y circunstancias. Durante el desarrollo normal, comenzando con el segundo año de vida, múltiples yoes y Estados del Yo se integran en un Sistema del Yo integrado. Este tipo de integración neuronal requiere de la co-construcción de una narrativa autobiográfica. La niña, al intentar integrar su experiencia, necesita hablar de los hechos ocurridos en su vida con una persona o personas que sean cercanos a ella o a su historia. Los padres o parientes cercanos son los mejores candidatos para esta tarea. Cuando los niños experimentan experiencias traumáticas abrumadoras en ausencia de apoyo y protección de cuidadores adultos, normalmente no hay nadie con quien el niño pueda hablar del trauma. En estos casos, no hay suficiente integración neuronal para la creación de un Self unificado. El Sistema del Yo fragmentado que resulta se diagnostica con frecuencia como un Trastorno de Identidad Disociativo.

Cuando los niños crecen en un ambiente de trauma, desatención o abandono, sus muchos Estados del Yo se especializan. Algunos cargan con la memoria traumática, otros llevan el recuerdo del dolor físico, mientras que otros se especializan en defensas primitivas como luchar, huir o congelarse. Cuando falta apoyo parental, o cuando se les prohíbe a los niños hablar de los eventos traumáticos que han experimentado, no tiene lugar la co-construcción de narrativas que se necesita para la integración neuronal. Crecer sin la habilidad de hablar y compartir sus historias de vida, mantiene fragmentadas a estas personas traumatizadas. Sus muchos yoes y estados del yo están solamente parcialmente integrados. Algunas partes del yo, también conocidas como "alters" se mantienen en el sistema neuronal de forma separada.

Integración del Ciclo Vital es extremadamente eficaz en el tratamiento del Trastorno de Identidad Disociativo. La terapia de Integración del Ciclo Vital actúa para integrar los Alter o Partes del Yo del TID en un Sistema del Yo unificado. El método tradicional de trabajar con el Trastorno de Identidad Disociativo comienza con la delineación y elaboración del diagrama de las diferentes identidades separadas de los Alter. Este método anticuado ahora parece innecesario y contraproducente. Dado lo que conocemos sobre desarrollo neurobiológico, parece evidente en sí mismo que trabajar separadamente con los Alter sólo fortalecerá sus percepciones de ser únicos y de estar separados del Sistema del Yo.

Los Alter pueden ser verse como redes neuronales que existen de forma separada del Yo Central. Dado que tienen una existencia aparte del Yo Central no son conscientes de gran parte del Sistema del Yo, y creen que son entidades separadas. Cuando el Yo Central es muy débil puede haber muchas redes neuronales (Partes del Yo) separadas del Yo Central. Las repeticiones de protocolos de estructuración de Integración del Ciclo Vital fortalecen el Self Central de la persona.

Guía para utilizar (Integración del Ciclo Vital) en el Tratamiento del TID y el TIDNE.

- Asegúrate de que el Yo Central de la cliente está dirigiendo al Sistema del Yo a lo largo de la sesión de ICV. Leer los recuerdos a un Alter no llevará a la integración.

- Pídele que mantenga sus ojos abiertos a lo largo de toda la sesión.

- El terapeuta se mantiene profundamente sintonizado con el cliente a lo largo de toda la sesión.

- Tanto terapeuta como cliente deben permanecer enraizadas y presentes (en sus cuerpos).

- Utilizar uno de los protocolos de estructuración de ICV: Línea base, Ser Celular o Vinculación. (A veces funciona bien hacer unas pocas sesiones del Protocolo del Ser Celular antes de pasar al Protocolo de Nacimiento).

- La terapeuta mantiene una conexión afectiva con el Yo infantil de su cliente a lo largo de la sesión.

- No hay fusión en imaginación al final de la sesión.

- Espaciar las sesiones de dos a tres semanas. Esto da tiempo al cliente para recuperarse completamente tras cada sesión y, además, refuerza la integración antes de que haya un exceso de regresión. No obstante, algunos clientes serán capaces de soportar una sesión semanal de Protocolo de Vinculación.

- Ten paciencia. Busca los progresos lentos pero constantes. Si el avance no es evidente, busca supervisión con un consultor de ICV acreditado.

Preparación de la Línea del Tiempo escrita con pacientes disociativos

Los recuerdos de las personas con TID tienden a ser escasos e incompletos. A menudo tienen huecos de varios años. En ocasiones los recuerdos están cambiados de orden. Antes de comenzar la terapia de Integración del Ciclo Vital con personas con TID, la terapeuta y la cliente trabajarán juntas para elaborar la Línea del Tiempo escrita. Para preparar esta lista, ambas dedicarán varias sesiones para elaborar una lista cronológica de acontecimientos de la vida de la cliente, que ésta recuerde. La terapeuta intentará obtener toda la historia posible. Al hacer la Línea del Tiempo pueden ser útiles fotografías de la cliente en distintos momentos de su vida, si es que las hay. Sin embargo, la cliente debe recordar realmente el evento representado en la fotografía. Si la cliente está estable puede hacer este trabajo en casa, entre sesiones, elaborando el borrador de su historia cronológica. La lista de acontecimientos debería empezar en la vida de la cliente tan pronto como sea posible, continuando hasta el presente. La Línea del Tiempo escrita puede resultar bastante incompleta. Puede haber huecos de dos o tres años. No es conveniente comenzar ICV con una cliente que tiene huecos de memoria de más de tres años. Continúa trabajando con la cliente con TID de otras formas hasta que pueda construir una lista de recuerdos coherente.

Explicación del Proceso de Integración a la persona con TID

Para el éxito de este trabajo es crucial ganar y mantener la confianza del Sistema del Yo de la persona con TID. Es importante que el terapeuta explique al Yo Central de la cliente y a los Alter que pudieran estar escuchando que la meta de la integración beneficiará a todos los Alter o partes del Sistema del Yo. Muchas partes se sentirán amenazadas al comienzo. Debido a que los Alter, de una forma típica, se desarrollan muy temprano en la vida, se debe tener cuidado en utilizar un lenguaje que pueda ser comprendido por niños pequeños. Las partes del sistema necesitan que se les asegure que son válidas para el mismo y que no se está intentando librarse de ellas. En las etapas iniciales del trabajo con personas con TID muchos de sus Alter no comprenderán gran parte de lo que se dice. Entenderán las palabras, pero las palabras no encajarán en su "realidad". Después de experimentar muchas repeticiones del Protocolo de Vinculación de la Integración del Ciclo Vital, y después de haber visto sus vidas como un flujo continuo de yoes y Estados del Yo a través del tiempo y del espacio, los Alter comenzarán a integrarse y a comprender que hay una "realidad" mayor que aquella en la que ellos han vivido.

Uso de la Integración del Ciclo Vital con una persona con TID

La persona con TID que quiere trabajar en la integración utilizando este método debería comprender que el trabajo tendrá éxito sólo si es capaz de permanecer presente, todo el tiempo que pueda, al recorrer la Línea del Tiempo de la Integración del Ciclo Vital. Si la persona se disocia al avanzar en la Línea del Tiempo, uno o más Alter entrarán en escena y expulsarán al Self Central a la parte de atrás del Sistema del Yo. Sin que esté presente el Self Central de la persona, el trabajo no será eficaz.

La terapeuta lee las claves de la Línea del Tiempo y le pide a la persona con TID que le dé una señal cada vez que tiene el recuerdo o imagen en su mente. Si no diera ninguna señal después de un tiempo suficiente la terapeuta debe llamar a la persona por su nombre. Esto traerá al Self Central de la persona otra vez al presente para volver a implicarse en el proceso. A las personas con disociación les cuesta menos permanecer presentes si tienen sus ojos abiertos durante todo el proceso de visualización activa, incluso durante la Línea del Tiempo del paso 6. Las repeticiones del Protocolo de Vinculación, separadas semanalmente o cada dos semanas, fortalecerán el Self Central de la persona con TID. Una vez el Self Central ha adquirido suficiente fortaleza, una terapeuta con experiencia será capaz de usar el Protocolo de Reparación del Apego Preverbal, para reparar los déficits del apego temprano que el cliente con TID probablemente sufriera en diferentes etapas de su desarrollo

Si la persona con TID tiene problemas para permanecer enraizada y presente en su cuerpo se pueden utilizar ejercicios de enraizamiento a lo largo del protocolo:

1) Haz que la persona tenga algo con un fuerte olor como vainilla o menta. Cuando la persona se disocie, pídele que huela un poco.

2) Haz que frote sus pies el suelo y sus manos en los brazos del sillón. Dile que sienta el suelo bajo sus pies y la textura de la tapicería.

3) Haz que diga en voz alta: "Soy (su nombre)". "Estoy aquí". "Tengo ___ años".

Observaciones

- Para que la Integración del Ciclo Vital tenga éxito con personas con TID, el Self Central debe permanecer presente y debe impedir el cambio entre Alter durante la sesión de ICV.

- Según se progresa con la terapia de Integración del Ciclo Vital, las personas con TID tendrán más recuerdos de manera espontánea, incluyendo recuerdos positivos (recursos). Estos recuerdos les ayudan a "conectar los puntos" y llenar algunos de los fragmentos perdidos de sus vidas.

- Las imágenes de la Línea del Tiempo probablemente son "vistas" simultáneamente por muchos Alter o Partes.

- Durante el proceso de crear un Self Central sólido parece que las Partes o Alter se integran espontáneamente como debería haber ocurrido durante un desarrollo normal.

Capítulo Nueve
Integración de los Estados del Yo separados

Los Estados del Yo separados han sido llamados de muchas maneras en función de los distintos modelos teóricos a lo largo del tiempo. Dependiendo del entrenamiento del terapeuta y del modelo terapéutico utilizado, se les pude llamar Partes del Yo, Partes Objeto, Estados del Ego, Sub-personalidades, Niño Interior o Complejos "sentimentalmente acentuados", por nombrar unos pocos. Está más allá del alcance de este libro justificar la existencia de estas "Partes" o explicar cómo comprometen el Sistema del Yo en cada individuo. En su excelente libro, Internal Family Systems Therapy, (Guilford Press: 1995), Richard Schwartz describe claramente cómo las personas pueden ser vistas como sistemas y los métodos que él ha desarrollado para trabajar con estos sistemas. En las personas sanas y bien adaptadas, las partes internas trabajan juntas, más o menos perfectamente, como un equipo bajo la competente dirección del Self.

Muchas personas, que acuden a nosotros como clientes, encuentran que tienen partes de ellos mismos que actúan de una manera autodestructiva y poco sana. A menudo explican que ellos "saben lo que deberían" o quieren algo diferente para ellos mismos, pero se sienten impotentes contra una parte de ellos mismos que parece tomar las riendas de vez en cuando.

El uso de Integración del Ciclo Vital para integrar Estados del Yo separados puede ser difícil. No se debería intentar utilizar esta variante de ICV hasta haber completado los tres niveles de formación de ICV. Además, no se debería intentar integrar Estados del Yo separados en personas que no tengan un Self Central sólido. A medida que este se va construyendo a través de muchas sesiones de protocolos de estructuración, varias de las partes anteriormente separadas se integrarán espontáneamente. Después de que suficientes sesiones de Protocolo de Vinculación logren un núcleo más sólido y un vínculo con el Self, el cliente puede notar que algunas partes que anteriormente se apropiaban del Sistema del Yo, ahora permanecen pacíficamente en un segundo plano o nunca más reaparecen.

Las Partes se ven amenazadas por la integración. Para ellas la integración supone su final o su muerte. Por eso es muy importante explicarle a la Parte cuánto se la aprecia y cómo el Sistema del Yo la necesita para que realice un papel diferente. El propósito de darle a la parte un nuevo trabajo es hacer que la parte se sienta valorada y necesitada por el Sistema del Yo. El nuevo "trabajo" debe ser apropiado para su edad y algo que a la parte le guste hacer. A pesar de su apariencia, normalmente las Partes tienen muy poca edad. Tienen una comprensión limitada y unas capacidades limitadas porque están estancadas en el pasado en la edad en la que fueron creadas por la persona.

Las personas con disociación normalmente tienen muchas habilidades con la visualización y puede parecer que integran Estados del Yo separados utilizando la técnica de la Sala de Reuniones Interna explicada previamente. Sin embargo, si la persona no tiene un Sef Central sólido esta "integración" aparente no es nada más que un ejercicio mental. No puede tener lugar ninguna integración cuando no hay un Self Central sólido al que los Estados del Yo separados puedan unirse. El trabajo con Partes puede ser entretenido, para ambos, cliente y terapeuta, pero en la mayoría de los casos este trabajo con partes no es eficaz. La mayoría de los clientes que tienen Estados del Yo separados necesitarán muchas repeticiones del protocolo de Vinculación para construir un Self Central sólido. La mayoría de clientes que tienen un Self Central sólido no tienen partes que actúan independientes del sistema del yo.

Partes Polarizadas

Los Estados del Yo separados están a menudo polarizados o están además escindidos en sub-series. Richard Schwartz (1995) ha hecho un trabajo exhaustivo al explicar las partes polarizas y las complejidades inherentes en el trabajo con sistemas internos. Algunas veces, aspectos extremos de las partes atemorizan a la persona cuyo sistema los ha creado. En estos casos el terapeuta debe recordar a la cliente que su Yo Niña creó a esa parte para protegerla de peligros, reales o percibidos, y que en el corazón de esa parte espeluznante hay un Yo Infantil asustado. Lo extremo y complejo de las partes internas que forman el Sistema del Yo del cliente parecen reflejar lo extremo y complejo del ambiente del niño.

Dentro de la mayoría de Sistemas del Yo fragmentados existen partes polarizadas protectoras conectadas con las partes del niño herido. Estas partes protectoras tienden a esconderse dentro del sistema y aparecen cuando perciben la necesidad de proteger a las partes del niño herido. En el proceso de intentar integrar la parte infantil herida, puede activarse la parte protectora asociada. Esto puede no ser evidente al final de la sesión, pero puede causar problemas a la cliente justo después de la sesión y durante esa semana siguiente. Este es otro motivo por el cual no se debe intentar integrar Partes separadas del Sistema del Yo antes de contar con un Self Central sólido. Es más efectivo usar el Protocolo de Vinculación repetidamente, cada semana o cada dos semanas. Con el tiempo, esto proporcionará integración y coherencia dentro de todo el Sistema del Yo.

Integración de Recuerdos Somáticos

Cuando un cliente tiene un dolor corporal que parece ser un recuerdo somático, la integración del Estado del Ego que ha estado manteniendo este recuerdo de dolor físico puede liberar al sistema del cliente de la sensación física de dolor. Esto funciona para recuerdos neuronales de dolor, cuando el dolor existe pero no hay causas físicas para el dolor.

Utiliza el Protocolo Estándar de Integración del Ciclo Vital y pide al cliente que se centre en el dolor físico que siente en su cuerpo (en lugar de en las emociones que siente en su cuerpo). Utiliza el Paso 1 para encontrar el recuerdo asociado con el estado somático. En el paso 1, los clientes con un Self Central sólido pueden normalmente seguir el puente afectivo desde el dolor físico sentido hasta conectar con el recuerdo asociado. Cuando se sigue el puente emocional atrás en el tiempo para encontrar el recuerdo asociado al dolor, los clientes a menudo se sorprenden de que el recuerdo que aparece no suele ser lo que esperaban.

Los clientes sin un Self Central sólido normalmente no serán capaces de seguir con éxito los sentimientos en sus cuerpos. Estos clientes podrían elegir un recuerdo de cuando ellos creen que sintieron el dolor físico que están tratando de limpiar. Cuando el recuerdo es elegido y no "encontrado" por el puente afectivo, hay menos posibilidad de tener éxito en la limpieza del recuerdo del dolor.

Para limpiar el recuerdo del dolor, continúa con Protocolo Estándar de ICV. Instruye al cliente para que traiga imaginariamente su Yo Actual a la escena del recuerdo. El cliente se imagina llevándose a su Yo Infantil a un lugar tranquilo. En el lugar tranquilo la terapeuta guía al cliente adulto para agradecer al Yo Infantil por ser valiente y sostener el dolor durante tanto tiempo. La terapeuta guía al cliente para explicar al Yo Infantil que el tiempo ha pasado y que su cuerpo ha crecido y se ha curado de las heridas físicas del pasado. La terapeuta entonces guía al cliente a través de la Línea del Tiempo (paso 6). Repite la secuencia completa de tres a cinco veces o hasta que el recuerdo del dolor somático se haya limpiado.

Capítulo Diez
Volver a conectar con los Recursos Positivos, con la Esencia y con el Ser

Las personas a menudo tienen dentro de sí mismas una riqueza de recursos emocionales, intelectuales y espirituales. Para algunas, estos recursos están disponibles en ciertas áreas de sus vidas y, sin embargo, puede haber partes de sí mismos que no tienen acceso a estos recursos. Por ejemplo: un hombre puede ser un excelente padre con sus hijos y, sin embargo, sentirse incapaz de ser padre de partes de sí mismo, más jóvenes y asustadas; depende de su mujer para que ella le cuide y si ella le deja se siente abandonado, asustado, solo, e incapaz de cuidarse. De forma similar, una mujer puede ser una abogada muy competente en su trabajo y, sin embargo, permite que en casa abusen de ella emocional, verbal e incluso físicamente. Estas desconexiones dentro de las personas son resultado de una integración neuronal incompleta. A través de un uso correcto de la terapia de la Integración del Ciclo Vital, los clientes se conectan de forma espontánea con sus propios recursos internos positivos que son relevantes para el problema actual.

La Integración del Ciclo Vital también vuelve a conectar a las personas con su esencia y con su Ser. En Elements of the Real in Man (1987), A. H. Almaas describe cómo, durante el proceso de desarrollo y a través de las interacciones con el ambiente, ocurre una pérdida de esencia.

> Cuando nace un bebé, es en buena medida una Esencia del puro Ser. Su esencia no es, por supuesto, la misma esencia de una persona adulta realizada y desarrollada. Es una esencia de bebé, no diferenciada, todo en un gran paquete. Según el bebé crece, la personalidad comienza a desarrollarse a través de interacciones con el ambiente, especialmente con los padres. Dado que muchos padres se sienten identificados con sus personalidades y no con sus esencias, ellos no reconocen o no inspiran la esencia del niño. Después de unos pocos años, la Esencia se olvida y en lugar de la Esencia, ahora hay una personalidad. La esencia es reemplazada con varias identificaciones. El niño se identifica con uno de los padres, con esta u otra experiencia y con todos los tipos de nociones sobre sí mismo. Estas identificaciones, experiencias y nociones, llegan a consolidarse y estructurarse como la personalidad. El niño y, después, el adulto cree que esta estructura es el Yo verdadero." (pp. 1-2)

Almaas continúa describiendo cómo muchos adultos llegan a identificarse con sus estructuras de personalidad, o ego, y llegan a desconectarse de sus yoes espirituales, o Esencia:

No hay nada malo en tener una personalidad. Tienes que tener una. No puedes sobrevivir sin una. Aun así, si haces que la personalidad sea lo que tú realmente eres, entonces estás distorsionando la realidad porque tú no eres tu personalidad. La personalidad está compuesta de experiencias del pasado, de ideas, de nociones, de identificaciones. Tienes el potencial de desarrollar una individualidad real, la Esencia Personal, lo que es diferente de la personalidad, que oculta la pérdida de la Esencia, pero este potencial es normalmente sustituido por lo que llamamos nuestro ego, nuestro sentido adquirido de identidad.

Según llegamos a estar más atrapados en nuestras vidas, nuestras relaciones y nuestros deberes profesionales, nos disociamos de nuestros verdaderos Yoes interiores, de nuestra Esencia y de nuestro Ser.

La descripción de una cliente de su reconexión con su Esencia

Lo que sigue es una declaración que me escribió una cliente, a mitad de su trabajo con la Integración del Ciclo Vital. Se trata de una mujer en la mitad de su treintena que fue acosada sexualmente, sufrió abuso verbal y emocional, fue desatendida, humillada y abandonada en su infancia por sus padres, los dos alcohólicos en alto grado. Ya de joven adulta fue violada de forma violenta. En su declaración describe su experiencia de la Línea del Tiempo. Su declaración describe la reconexión con la Esencia de la que hemos hablado antes.

Encuentro que la Línea del Tiempo visual es muy eficaz y útil de varias maneras, y en ciertos aspectos, la encuentro muy interesante.

Una cosa sorprendente que surgió de esto fue que mientras yo iba 'presentando' un segmento concreto de mí misma que había impuesto una cognición negativa como: "Debo fallar para tener éxito", o "sólo tengo éxito si estoy fallando, o "si soy un fracaso", este trozo de mí misma orgullosamente reclamaba responsabilidad por alguno de los puntos más bajos de mi vida adulta. Esta parte de mí aprendió que yo necesitaba fallar para poder tener éxito cuando yo tenía unos 4 ó 5 años de edad.

Los sentimientos de orgullo, confianza, euforia y de éxito que experimenté según "nosotras" pasábamos estos puntos bajos fueron muy poderosos y realmente sorprendentes.

Otro aspecto interesante que descubrí fue que diferentes partes traumatizadas de mí misma eran conscientes unas de otras. Una parte muy pequeña de mí era consciente de otra parte congelada en mi adolescencia (la parte de 4 ó 5 años sabía de la parte de 16 años). La parte más pequeña de mí quería saber si había sido tan fuerte y había tenido éxito en su "deber" de proteger mi psique como lo había logrado la adolescente. La sinceridad de la pregunta y su intensa necesidad de ser igualmente aceptada fue muy sorprendente. No esperaba compararme conmigo misma de una forma tan competitiva. Sólo después de que le aseguré, a esta parte de mí misma, que había hecho un trabajo maravilloso, al menos tan bueno como el de la adolescente, estuvo de acuerdo con pasar la parte adolescente de mi vida y venir a unirse conmigo siendo adulta.

Al utilizar la Línea del Tiempo de imágenes volvieron a mí emociones alegres que no había sentido en muchos años, incluso décadas. Según yo aprendía a no confiar o estar eufórica con las profundidades entusiastas de mi alma, perdí la capacidad de sentir esas emociones. La Línea del Tiempo hizo volver estas emociones a mí en toda su fuerza Technicolor, pero ahora con la capacidad adulta de contener las poderosas emociones infantiles. Los traumas robaron mi paladar emocional por lo "feliz" dejando el "depresivo" intacto. Lo "depresivo" todavía existe y está lentamente perdiendo su lugar dominante debido a mi experiencia con EMDR, pero la Línea del Tiempo ha hecho regresar la capacidad de acceder al puro paladar de la "felicidad" otra vez.

También verme a mí misma desde una perspectiva de niña tan pequeña ha sido realmente sorprendente. Estoy sorprendida por la credibilidad que tengo con mi yo más joven. Como adulta, me he convertido en una bombera voluntaria y actualmente soy una Técnica de Emergencias Médicas profesional y una estudiante de Auxiliar Sanitaria. Al hacer la Línea del Tiempo visual, estoy sorprendida de como partes traumatizadas más jóvenes de mí son conscientes de lo que hago para vivir. (El campo de auxiliar sanitario ni siquiera existía cuando yo era pequeña). ¿Cómo saben ellas que una "conductora de ambulancias" ha venido para sacarlas de allí? La forma en que estas partes infantiles traumatizadas y heridas de mí han

cogido mi mano con avidez y estaban dispuestas a venir conmigo a "donde nosotras vivimos ahora" ha sido una lección
de humildad. Pero también su creencia enérgica y ciega en la
bombera o en la conductora de ambulancias me ha fortalecido extraordinariamente, en un nivel muy profundo de creencia en mi propia capacidad y confianza en mí misma. Que me
"vean" con mi equipo o uniforme es sorprendente. Yo no me
veo a mí misma de esa forma. ¿Cómo lo hacen ellas?

Ganar la confianza de varias de mis secciones adolescentes fue un desafío, pero también me dio acceso a algunas
de las mejores partes de mí que me dan y me han dado, mi
mayor fortaleza a lo largo de mi vida. Su entusiasmo al descubrir que 'nosotras' realmente estamos viviendo mis sueños,
que nacieron en mi adolescencia, no sólo me dio un maravilloso sentido de logro —que no había experimentado antes de hacer la Línea del Tiempo— sino que además tener
conmigo, mientras practico mis profesiones, su entusiasmo y
alegría es maravilloso y entrañable. Qué alegría es tener estas partes de mí aquí en el presente conmigo. ¿Cómo puedes
echar de menos lo que no sabías que faltaba? Pero sentir esta
maravillosa sensación de estar llena y completa que ha traído
el haber 'regresado' estos segmentos perdidos de mí me ha
comprometido más a reunir las otras partes todavía perdidas
y congeladas en el tiempo debido a los traumas y a 'agrupar-
las' a lo largo de la Línea del Tiempo y traerlas al futuro juntas
conmigo (con nosotras) como una totalidad integrada."

Conexión espontánea con los propios recursos durante la Integración del Ciclo Vital

La conexión espontánea con lo positivo siempre se dará si el terapeuta da tiempo para que haya suficientes repeticiones de la Línea
del Tiempo. Para personas severamente traumatizadas, pueden ser
necesarias cinco o más repeticiones antes de que los recuerdos positivos
empiecen a aflorar. Debido a cómo los recuerdos son guardados neu-
rológicamente, aquellas memorias relacionadas con los "peligros" percibidos surgirán primero. Los recursos positivos relacionados con el tema
abordado empezarán a surgir y serán integrados sólo después de que los
recuerdos "malos" hayan emergido y hayan sido integrados. Durante las
repeticiones del protocolo de ICV, el cliente primero recordará todas las
veces en su vida en que ha experimentado situaciones difíciles o traumas
similares al material abordado. Estos recuerdos "desagradables" se recuperan primero como resultado de las estrategias defensivas empleadas
en nuestro programa neuronal. El uso correcto de la Integración del Ciclo

Vital implica repetir los pasos del 3 al 7 hasta que los recuerdos positivos empiecen a surgir espontáneamente.

Para la mayor parte de los clientes los recuerdos positivos comienzan a surgir espontáneamente durante la tercera repetición de la Línea del Tiempo. Los recuerdos que surgen espontáneamente de esta forma serán la otra cara de los recuerdos anteriores, o serán nuevos recuerdos de veces en las que el cliente salió bien en situaciones similares. Es como si la psique ofreciera primero la lista de experiencias similares anteriores, como un "cuidado con esto" y entonces ofreciera la lista de "lo que funcionó" en situaciones pasadas para resolver este tipo de dificultad particular. Con las repetidas "visitas" de los acontecimientos en la vida relacionados con el tema abordado, el cliente conquista una perspectiva y comprensión sobre cómo sus expectativas y respuestas contribuyen a estos resultados.

A veces durante el paso 1 del Protocolo Estándar de ICV, cuando el cliente comienza como es habitual con las sensaciones corporales relacionadas con el problema actual, en lugar de llegar a un recuerdo traumático, le aparece un recuerdo positivo. Esta es una señal de que la mente-cuerpo del cliente, en su propia sabiduría, ha elegido integrar fortalezas y recursos del pasado que pudieron ser olvidados con el paso del tiempo. Integrando estas memorias de recursos del pasado cura y fortalece al cliente y la facilita enfocarse y limpiar recuerdos traumáticos en sesiones futuras. Esto ocurre con poca frecuencia, pero cuando ocurre el terapeuta debe continuar con el protocolo, adaptándolo en lo necesario para integrar estos recuerdos de recursos positivos.

Ejemplo: conexión espontánea con los propios recursos positivos–'Bob'

Bob es un hombre de 50 años de edad que informa de que ha estado infelizmente casado durante 32 años. Se casó con su novia, Kate cuando ella se quedó embarazada unos pocos meses después de haber empezado a salir juntos. Bob comenzó a salir con Kate cuando él era un muchacho virgen de 18 años de edad. Kate había sido sexualmente activa desde hacía varios años y había interrumpido ya un embarazo anterior. Kate le aseguró a Bob que estaba tomando la píldora, pero no lo estaba haciendo. Bob había sido educado en una tradición religiosa que valoraba el matrimonio y la familia y no toleraba el divorcio. Bob me informó que él y Kate venían de contextos muy diferentes y que siempre habían tenido intereses distintos. Ahora que sus hijos habían crecido, sentía que él y Kate no tenían nada en común. Llevaban vidas separadas y no tenían intimidad sexual ni emocional.

El objetivo de Bob para la terapia era reconquistar el respeto por sí mismo. Decía que se sentía atrapado, vacío e infeliz. Me dijo que recordaba gustarse y lo que había representado en su vida. Bob afirmaba que se sentía alejado de sí mismo y que no tenía ningún respeto por aquello en lo que se había convertido. Bob sabía en su corazón que su relación con Kate estaba terminada y me dijo que le gustaría ser capaz de decirle a Kate honestamente como se sentía y terminar su matrimonio.

Paso 1:

Bob se imaginó teniendo una conversación con Kate, diciéndole sinceramente como se sentía con respecto a ella y su relación y que quería separarse. Bob era consciente de lo que sentía en su cuerpo según imaginaba esta escena y esta conversación. Bob informó de que sentía tirantez en su pecho y en su cuello. Bob continuó centrado en sus sensaciones corporales y permitiendo que su mente se quedara en blanco.

Recuerdo Fuente:

Bob siguió el puente afectivo hasta un recuerdo en el que casi se ahoga en el mar cuando tenía 18 años de edad. Se lesionó la espalda en un accidente de surf y se recuerda luchando para salir del agua. En el recuerdo podía sentir su traje de buceo realmente tirante alrededor de su cuello. Recordó lo bien que se sintió una vez que salió del agua y estaba en la playa. A pesar del dolor físico estaba vivo y se había salvado. Bob dijo: "Tengo la conexión. Mi matrimonio me está ahogando y necesito salvar mi vida sacándome de esta situación."

Toma nota de que el Paso 1 del Protocolo Estándar de ICV fue utilizado como siempre. No se hizo ninguna sugerencia sobre rescatar recuerdos de recursos positivos. Cuando la ICV se hace bien, el sistema mente-cuerpo del cliente "decide" qué recuerdo traer. Acceder a un recuerdo de un recurso es raro, pero ocurre de vez en cuando.

Pasos 3-5:

Bob se imaginó siendo su Yo joven de 18 años de nuevo, estando en la playa con su espalda rota. Bob notó las sensaciones en su cuerpo al volver atrás a la escena de recuerdo. A continuación, Bob imaginó a su Yo Adulto de 50 años entrando en la escena de la playa. El Bob de 50 años se presentó al Bob Joven y le dio las gracias por salvarle la vida. Le dijo al joven de 18 años que podía usar su ayuda en su problema actual. El Bob mayor le explicó a su Yo joven que había crecido y que ahora es una parte importante del Bob mayor. Bob le dijo a su Yo más joven que le iba a mostrar la historia de su vida y demostrarle así que ahora él es una parte del Bob mayor.

Paso 6:

El terapeuta guió a Bob a través de la lista de recuerdos de la Línea del Tiempo empezando por la edad de 19 y terminando en el momento presente.

Paso 7:

Cuando Bob alcanza la imagen y las sensaciones asociadas a un recuerdo del presente, Bob imagina trayendo a su yo de 18 años al presente, a su casa actual. Bob le dijo a su Yo joven: "Mira, eres una parte de mí y aquí es donde vivimos ahora." Bob preguntó a su yo de 18 años si le gustaría quedarse en el presente porque el Bob mayor necesitaba la fortaleza y la confianza en sí mismo del Bob más joven. Le explicó a su yo más joven que no era necesario continuar congelado en la escena del pasado en la que casi se ahogó, porque había crecido y se había convertido en el Bob adulto y vivía en el presente como una importante parte del sistema que es Bob. Después de que el Bob mayor terminó la conversación con el Bob joven, imaginó a su Yo joven fusionándose dentro de él, siendo uno.

Paso 8:

Bob trajo de nuevo el recuerdo de casi ahogarse y atendió a lo que sentía en su cuerpo. Bob dijo que sentía una sensación de alivio.

Paso 9:

Bob se imaginó teniendo una conversación honesta con Kate. Bob dijo que se sentía más cómodo y más preparado para decir lo que tenía que decir, aunque sabía que iba a ser difícil ser testigo de las reacciones y respuestas de Kate a lo que él tenía preparado decirle.

El caso anterior demuestra cómo las fortalezas y recursos pueden ser guardados por Estados del Ego y que es posible acceder a ellos e integrarlos a través del protocolo de la Integración del Ciclo Vital. Los recursos a los que se accede y que se integran de esta manera quedan y permanecen disponibles para el Sistema completo del Yo.

Capítulo Once
Otros Usos de Integración del Ciclo Vital

Tratamiento del TEPT con Integración del Ciclo Vital

El Trastorno de Estrés Postraumático es un estado que se da cuando el cuerpo "cree" que el peligro está todavía presente o es inminente. Cuando una persona tiene flash-backs y otros síntomas de TEPT su cuerpo sigue intentando impedir que el trauma se repita.

El protocolo de TEPT de ICV es muy eficaz demostrando al cuerpo-mente de la persona que el trauma ha sido superado. Este protocolo es, simplemente, la adaptación de la Línea del Tiempo de ICV. A medida que el cuerpo comienza a entender que "él" ya no está atrapado en la situación traumática, la respiración se vuelve más profunda y se hacen evidentes otros signos corporales de liberación y relajación. La terapeuta observa el cuerpo del cliente de cerca durante las repeticiones de la Línea del Tiempo del protocolo de TEPT. El cuerpo del cliente muestra al terapeuta cuándo avanzar deprisa al leer los recuerdos y cuándo disminuir la velocidad. El cliente necesita re-experimentar cada escena del recuerdo tan solo lo suficiente como para que las neuronas relacionadas se activen ligeramente. De cara a limpiar el trauma y sanar, la persona deberá tocar cada uno de los aspectos del trauma. Como en cualquier otro protocolo de ICV, la sintonía del terapeuta al llevar al cliente a través de sus recuerdos es necesaria para un buen resultado. Si un cliente se queda demasiado tiempo en alguna parte del trauma, existe el riesgo de que una excesiva activación le re-traumatice. El recuerdo posterior moverá al cliente a través de su "narrativa" visual interna del trauma. No importa si el recuerdo siguiente es incluso peor, siempre y cuando el cliente se mueva allí y continúe avanzando en esta "repetición" del trauma.

En el protocolo del TEPT se avanza con detalle por cada aspecto del recuerdo traumático, luego se avanza, despacio, en los días y semanas siguientes al trauma, y luego mes a mes hasta el presente. Si el trauma ocurrió hace muchos años, habrá que adaptar la Línea del Tiempo para avanzar en detalle a través de esas etapas del período traumático, luego día a día, semana a semana durante el primer o dos primeros meses posteriores, después mes a mes durante el primer año, estación a estación durante el siguiente o dos siguientes años, y luego año a año hasta el presente. Las claves que se anotan en la Línea del Tiempo pueden comenzar inmediatamente antes del trauma (el día antes del diagnóstico de un cáncer, por ejemplo, o el momento anterior al accidente de un coche), o pueden comenzar en el primer momento del trauma.

Antes de comenzar el protocolo del TEPT el terapeuta debe asegurarse de que tiene tiempo suficiente para escribir las claves que detallan el trauma así como para hacer varias repeticiones del Protocolo de TEPT hasta llegar al presente. Si el hecho traumático ocurrió varios años atrás, la lista de claves de su vida entera debe estar completada y guardada en el fichero del terapeuta antes de realizar el trabajo de TEPT.

Para comenzar, el terapeuta pide al cliente que describa qué recuerda sobre el periodo de tiempo traumático. El terapeuta debe hacer que la narración continúe preguntando repetidamente: "Y entonces, ¿qué pasó?", "y después de eso ¿qué ocurrió?". Se debe tomar nota de forma rápida mientras el cliente continúa con la narración del evento traumático. El terapeuta continúa preguntando que pasó en los días, semanas y meses posteriores al periodo de tiempo traumático. Los recuerdos del cliente pueden estar incompletos. Mantén al cliente hablando y avanzando a través del trauma y a través de las semanas y meses posteriores al trauma.

Avanzar por los detalles del trauma de esta forma activará los recuerdos del cliente y las emociones relacionadas con el trauma. Incluso cuando las claves del TEPT están escribiéndose, el terapeuta necesita que el cliente avance en el tiempo para evitar que se desborde. Escribir las claves de esta forma se convierte, así, en la primera repetición de la Línea del Tiempo del TEPT. Si el trauma ocurrió varios años atrás, entonces en cada repetición el terapeuta lee las claves detalladas del evento traumático y después cambia directamente a la lista de claves habitual leyendo una clave por año desde el final del trauma hasta el presente.

No es necesario tener una clave para cada detalle. Demasiadas claves harán imposible realizar suficientes repeticiones. Las claves deberán ser suficientes para que el terapeuta pueda guiar al cliente a través de cada escena importante en el "video" del trauma. Las claves permitirán al cliente sacar muchos más detalles dentro de su mente a medida que va repetidamente a través de los sucesos.

Con cada repetición de las claves del TEPT, a medida que la mente del cliente trae las imágenes y emociones relacionadas con el trauma, aparecerán más detalles y nuevos recuerdos del periodo de tiempo traumático. En los descansos el cliente puede contar brevemente esta expansión. El terapeuta puede añadir a la lista de claves los nuevos recuerdos significativos y puede incorporarlos durante la siguiente repetición. No es necesario incluir todos los detalles nuevos.

El terapeuta puede necesitar leer las claves diez veces o más para convencer al cuerpo-mente de la cliente que el trauma ya ha pasado. No hay necesidad de conversación. No es Protocolo Estándar. Normalmente no hace falta traer al Yo actual (de más edad) a la escena del trauma a menos que el cliente fuera un niño en el momento en que ocurrió el trauma. No es necesario ir a un lugar tranquilo. El Protocolo de TEPT es como hacer muchas repeticiones del Paso 6 con muchos descansos breves entre repeticiones.

El terapeuta lee las claves muy rápidamente en las primeras repeticiones y gradualmente dará más y más tiempo entre las claves. En la repetición final la cliente debe ser capaz de "ver la película" del trauma sin experimentar ningún malestar en su cuerpo. Al leer las claves del trauma el terapeuta deberá observar a la cliente atentamente para vigilar los signos de emoción. Si la cliente empieza activarse demasiado, el terapeuta debe avanzar rápidamente por las claves. El trauma estará limpio por completo cuando el terapeuta es capaz de leer despacio todas las claves mientras que la cliente se mantiene presente, viendo "la película" del periodo de tiempo traumático sin experimentar angustia en el cuerpo. La mayoría de los traumas pueden limpiarse fácilmente en un sesión larga de ICV (1 hora y media). Cuando el trauma está limpio, la cliente es capaz de "verlo" desde una posición distanciada aún cuando los efectos del trauma (las heridas de un accidente por ejemplo) siguen afectando a la cliente.

Nota: Limpia un trauma cada vez, incluso si varios traumas ocurrieron secuencialmente.

Los recuerdos de trauma se codifican en la mente-cuerpo en redes separadas. Algunos clientes pueden haber experimentado muchos traumas distintos, todos ellos en un corto periodo de tiempo. Los terapeutas obtendrán mejores resultados si separan los traumas y los limpian individualmente. Suele funcionar mejor limpiar primero los traumas más recientes. Las claves traumáticas del trauma más reciente llevarán al cliente desde el trauma reciente hasta el presente sin pasar por todos los traumas anteriores.

Nota: Cuando limpiamos trauma, todas las repeticiones de las claves del TEPT deben realizarse en la misma sesión.

El error más común de los terapeutas al utilizar el protocolo de TEPT es usar demasiadas claves, hablar demasiado y hacer muy pocas repeticiones. Si el terapeuta se queda sin tiempo antes de completar un número de repeticiones óptimo, el efecto en red en el cliente es la activación de la memoria corporal del trauma sin resolución. Las repeticiones de las claves del trauma no son acumulativas de una sesión a otra. Hacer 5 repeticiones de las claves del trauma durante 3 semanas seguidas activará repetidamente la memoria del trauma sin llegar a limpiarlo completamente. Esto reforzará las redes neuronales relacionadas con el trauma, lo cual hará que sea más difícil de limpiar. Los terapeutas sin experiencia deberán permitirse 2 horas o más para asegurarse tiempo suficiente para las repeticiones adecuadas de las claves del TEPT.

Tratamiento de la Ansiedad y de la Depresión con Integración del Ciclo Vital

Los clientes que presentan depresión crónica, a menudo experimentaron desatención, abandono o la pérdida de una figura de apego importante durante su infancia. Para ellos los temas centrales son la soledad, el vacío y el sentimiento de no ser querido o no ser valioso. Además, los clientes deprimidos a menudo se sienten avergonzados por la desatención y el abandono temprano. Los clientes crónicamente ansiosos o deprimidos pueden haber experimentado trauma de nacimiento, abandono temprano o ambos. Si en la historia del cliente hay indicios de desatención, trauma o separaciones significativas de la madre en algún momento de los primeros 2 años de vida, el terapeuta debe usar Protocolo de Nacimiento de LI y posteriormente el proceso de reparación de apego para las épocas tempranas del desarrollo pertinentes.

Muchos clientes deprimidos contienen estados infantiles necesitados que "están buscando amor". Estos clientes a menudo han tomado malas decisiones en sus relaciones en un intento de tener parejas donde satisfacer sus necesidades de apego tempranas. Aquellas relaciones que se inician con la esperanza de satisfacer las necesidades tempranas están destinadas a fracasar a menos que ambos miembros sean capaces de crecer y madurar a medida que la relación progresa hacia nuevas etapas. Cuando el apego inseguro está en la raíz de los fracasos de las relaciones del cliente, éste se beneficiará más de muchas sesiones de Protocolo de Vinculación de ICV con el terapeuta sosteniendo a la muñeca que representa El Yo Bebé recién nacido del cliente.

Si, por otra parte, el cliente deprimido o ansioso, parece tener apego seguro, y su historia de apego así lo refleja, entonces, es probable que haya sufrido, en algún momento, una pérdida significativa en una de sus relaciones de apego principales. Si una persona que tenía apego seguro de niño, entra en depresión posteriormente en su vida, es probable que ocurriera una pérdida significativa durante su infancia después de que el apego se hubiera establecido. Un evento reciente puede entonces activar en el cliente aquella pérdida temprana.

Cuando trabajamos con clientes deprimidos o ansiosos, el terapeuta debe primero determinar si la depresión del cliente se debe a la pérdida de una figura de apego, o debido a carencia o trauma durante el proceso de apego. Los clientes con apego seguro que están deprimidos pueden a menudo sanar rápidamente usando una variación del Protocolo Estándar de ICV.

Para trabajar con depresión en casos en que las necesidades de apego temprano fueron satisfechas, es necesario determinar cuándo comenzó el problema. Quizás el niño estaba seguro hasta que la familia se mudó a una nueva ciudad y la madre empezó a trabajar. En este caso, el terapeuta pide al cliente que elija un recuerdo de estar solo y sentirse solo en la nueva ciudad. Puede ser un recuerdo en general en lugar de ser un día en concreto. Utiliza esto como recuerdo "fuente". El cliente empieza siendo el Yo Infantil en el recuerdo.

El cliente señala dónde siente la sensación en su cuerpo (Paso 3). Los clientes deprimidos están como insensibles pero deben llegar a sentir alguna leve sensación. Guía a la cliente para que se imagine entrando en la escena del recuerdo siendo la Yo Adulta y para que conecte con su Yo niña.

Importante: *En este punto, el terapeuta pregunta a la Yo Adulta cómo se siente respecto a la Yo Niña. Una cliente con apego seguro sentirá compasión y amor por su Yo Niña. Si la cliente es incapaz de sentir emociones positivas hacia su Yo Niña, no está preparada para Protocolo Estándar de ICV. En su lugar, utiliza protocolos de estructuración.*

Para los clientes que tienen sentimientos positivos hacia sus yoes más jóvenes, continúa con Protocolo Estándar de ICV. En el lugar tranquilo, el terapeuta dirige las conversaciones y las intervenciones. El terapeuta guía al cliente para decir por ejemplo: "Dile a tu Yo más joven que sientes que se quedara sola y que su madre tuviera que marcharse tanto. Dile que eso fue hace mucho tiempo y que ahora ya nunca está sola porque tú siempre estás con ella". El terapeuta guía al Yo Adulto para expresar y demostrar cuánto valora al Yo Niño. Las intervenciones deberán aportar información y experiencias al Yo Infantil que darán la vuelta a las interpretaciones que resultaron de la pérdida temprana de su relación con su figura de apego. Las frases guiadas y las acciones son diseñadas para ajustarse a la edad del niño y contrarrestar cualquier vergüenza que resultara de las rupturas en el apego temprano.

Después de aproximadamente un minuto de guiar y de dar tiempo para imaginar las interacciones, el terapeuta guía al cliente a través del tiempo, empezando con la clave del recuerdo justo posterior a la edad del recuerdo fuente. Recuerda que los cambios positivos en los sentimientos del Yo Infantil, que son generados durante las interacciones imaginadas, se integrarán en el Sistema del Yo del cliente sólo si se hacen suficientes repeticiones de la Línea del Tiempo. Cuando el cliente adulto se imagina trayendo al Yo Niño a su casa del presente (Paso7), pueden guiarse más interacciones antes de hacer el descanso. Después del descanso, repite los Pasos 3 al 7 del protocolo estándar de LI, como hemos modificado más arriba. De tres a cinco repeticiones serán suficientes, tomando tantos descansos breves como se necesiten al final de cada repetición. Tras la última repetición de los Pasos 3 al 7, el estado del ego infantil puede fusionarse en el adulto si lo desea.

Nota: *Un Yo "Adulto" al que no le gusta el estado Yo Niño, no es el Yo Central sino una parte diferente o fragmentada del Yo global. Cuando el Yo Central está completo, ama a todas las partes del Yo. Si al cliente le falta un Yo Central sólido, no será posible reparar pérdidas de apego o crear relaciones dentro del Sistema del Yo utilizando el Protocolo Estándar de ICV.*

Ansiedad debida a Trauma de Nacimiento o Separación Temprana

La Ansiedad Generalizada está relacionada frecuentemente con trauma de nacimiento y/o separación temprana de la madre. Mucha gente que estuvo en incubadora o en aislamiento debido a un nacimiento prematuro experimentará ansiedad generalizada. Este nivel de ansiedad es "normal" para ellos porque siempre lo han sentido. Cuando se trabaja con clientes ansiosos, el terapeuta debe evaluar primero el trauma de nacimiento, separación temprana de la madre y/o trauma o negligencia durante los primeros dos años de vida (antes de que la memoria explícita se codifique). Los clientes que fueron adoptados, incluso si lo fueron al nacer, experimentaron una separación de sus madres biológicas. Si se da alguno de los casos anteriores, entonces hay que utilizar el Protocolo de Nacimiento al presente de LI y el proceso de Reparación de Apego preverbal, con el fin de reparar déficits ocurridos durante diferentes estadios del desarrollo.

Ansiedad debida a exceso de responsabilidad

Otro tipo de ansiedad se da en clientes que experimentaron desatención y/o responsabilidades excesivas cuando fueron niños. Como adultos, cuando están bajo estrés, vuelven a manejar las responsabilidades con las mismas redes neuronales que se desarrollaron originalmente para afrontar los estresores de la infancia. Cuando esto sucede no están en contacto con sus plenas capacidades como adultos y, como consecuencia, a menudo se sienten abrumados, inadecuados y ansiosos. El Protocolo Estándar de ICV conecta el estado infantil hiperresponsable que está dentro del adulto con el Yo Adulto competente. Esto reducirá significativamente el nivel de ansiedad experimentado por el cliente cuando tiene estrés.

Pide al cliente que elija un recuerdo de una época en que estuviera desbordado de responsabilidades cuando era niño o adolescente. Comienza el Protocolo Estándar de ICV con el cliente imaginando a su Yo Niño solo en la escena del recuerdo elegido (paso 3). El cliente adulto imaginariamente entra en la escena del recuerdo y se lleva al Yo más joven a un lugar tranquilo. En el paso 5 el terapeuta debe guiar al cliente para que le diga al Yo más joven que será el adulto quien se encargue ahora de las responsabilidades, pague las facturas, etc. y el niño podrá ahora jugar y disfrutar de la vida. La meta es transferir las tareas de la vida cotidiana y las responsabilidades al Yo Adulto del cliente, liberando así al Yo Niño ansioso. Al principio el Yo Niño puede mostrarse reacio a confiar en que el Yo Adulto vaya a hacerse cargo de las responsabilidades. Continúa con las repeticiones y esto debería cambiar a medida que el Yo Niño comienza a comprender que el tiempo ha pasado. En el lugar tranquilo (Paso 5) y en la casa del Paso 7, el terapeuta guía al cliente Adulto para interactuar con el niño de forma que pueda ayudarle a sentirse valioso, querido, cuidado y protegido. Dependiendo de la historia del cliente, esta variación de ICV puede hacerse para diferentes edades y etapas de la infancia sobrecargada del cliente.

Ansiedad y Ataques de Pánico debidos a rabia reprimida

Algunas veces la ansiedad o los ataques de pánico son debidos al miedo inconsciente de que la rabia subyacente pueda explotar. Este tipo de ansiedad se experimenta a menudo por gente que vive o trabaja en situaciones abusivas. Se sienten atrapados en esas situaciones y no son capaces de expresar su rabia de forma normal y apropiada contra la persona de la que dependen. Cuando una persona depende de un padre, pareja o jefe abusivo el impulso natural de expresar la rabia se suprime. Pero mantener la rabia suprimida requiere enormes cantidades de energía y a menudo produce como resultado ansiedad o crisis de ansiedad. Muy a menudo la situación actual está relacionada con una situación similar en el pasado. Si el cliente se focaliza en las sensaciones de miedo e impotencia, puede que se conecte con un recuerdo de la infancia de cuando sintió ese mismo miedo e impotencia. Guiando al Yo Adulto del cliente para expresar la rabia en nombre del Yo Niño en el recuerdo del pasado liberará la rabia del Sistema del Yo del cliente y por lo tanto se reducirán tanto la ansiedad como los ataques de pánico. Abordar abusos del pasado, soltando la rabia contenida, ayudará al cliente a empoderarse y así poder abordar la situación abusiva del presente.

Trauma Preverbal

Si el cliente experimentó trauma, abandono o desatención durante sus dos primeros años de vida, habrá memoria corporal pero normalmente no tendrá memoria explícita de lo que ocurrió. Los bebés y los niños pequeños aún no tienen suficiente consolidación cortical para almacenar memoria explícita. En su lugar, las experiencias, sentimientos e imágenes son grabadas en la memoria implícita. Cuando se "recuerdan" memorias implícitas, el cliente "recupera" un estado emocional y puede tener una sensación corporal. A veces un cliente tendrá una sensación de su Yo muy pequeño que está solo y asustado, o que está intentando huir de algo muy grande y que le asusta. Si el abuso temprano fue físico o sexual a menudo estará presente la memoria somática que puede dar claves sobre la naturaleza del trauma.

Si el trauma ocurrió en la infancia el cliente puede describir que se siente fragmentado o puede tener sensaciones generalizadas en todo su cuerpo, como por ejemplo, inquietud que recorre sus brazos y piernas. Los clientes que nacieron prematuramente y que han pasado sus primeros días de vida en incubadoras describen una ansiedad generalizada a través de todo su cuerpo, y una sensación de sentirse fragmentados o de caerse a pedazos. Un cliente que había estado en la incubadora al nacer me dijo que tenía pesadillas recurrentes en las que veía "frigoríficos" enormes y máquinas tipo robot.

A menudo, cuando un cliente accede a un recuerdo (corporal) implícito de un trauma temprano, se siente desbordado de emoción y no pueden dar ninguna información verbal al terapeuta. La terapia de Integración del Ciclo Vital puede utilizarse para resolver trauma temprano y para integrar estados emocionales disociados relacionados con el trauma, incluso sin recuerdo explícito de lo que ocurrió. Sin embargo, para tener éxito con este trabajo sin re-traumatizar al cliente, el terapeuta de ICV debe ser capaz de permanecer profundamente sintonizado con su cliente. Antes de intentar este delicado trabajo, los terapeutas deben haber ganado experiencia utilizando ICV con clientes menos traumatizados y deben haber cursado los niveles avanzados (niveles 2 y 3) de la formación en Integración del Ciclo Vital.

Integración del Ciclo Vital con Adolescentes y Niños
Los jóvenes y los adolescentes responden muy bien a ICV porque:

1) Sus sistemas neuronales son más plásticos que los de los adultos.
2) No han construido tantas capas de defensa como los adultos.
3) Disfrutan de la Imaginación Activa y les gusta la idea de que ellos mismos estén ayudando a sus niños interiores, en lugar de ser ayudados por una terapeuta.

Cuando trabajamos con adolescentes y niños, las claves de recuerdos deben ampliarse para incluir más recuerdos dentro de cada año. Esto permite al niño ver el paso del tiempo sin dar saltos demasiado grandes entre recuerdos. Utiliza tres o cuatro claves cronológicas por año.

Cuando se trabaja con niños de 7 años o menos, es necesario incluir a uno de los padres o cuidadores durante la sesión. La presencia del padre o de la madre permite que el niño se sienta seguro y estará emocionalmente más abierto al trabajo. La madre o padre también ayudará en la co-construcción de la narración autobiográfica del niño.

La terapia de Integración del Ciclo Vital se puede utilizar para ayudar a los adolescentes a curar los efectos del divorcio o de otras pérdidas tempranas. Parte del daño emocional y psicológico que experimentan los niños tras una pérdida es originado por la interpretación que el niño hace en el momento. Se puede utilizar el Protocolo de Integración del Ciclo Vital para ayudar a que un niño de doce años se conecte con su yo de cuatro años solo y asustado. Con la guía del terapeuta el niño de doce años puede explicarle al yo de cuatro años que el divorcio o la muerte o el trauma pasado no fueron por su culpa y que él es un niño importante y que merece amor. Luego al hacer la Línea del Tiempo se conectará el yo niño de cuatro años solo y traumatizado con el yo actual de doce años. La Conversación Interna con el niño de cuatro años, combinada con la integración de la Línea del Tiempo de ICV permitirá que el niño de doce años se libere de esa vieja interpretación y así mismo soltar miedos y/o defensas que ya no son relevantes en su situación actual.

Uso de Integración del Ciclo Vital con niños adoptados

Los niños adoptados a menudo tienen una historia pasada desconocida. Pueden tener trastornos del apego u otros problemas psicológicos o conductuales que están relacionados con sus experiencias tempranas. Muchos de los niños adoptados, no importa cuán ideales fueron las circunstancias de la adopción, tendrán más adelante en su vida tendrán dudas y sentimientos acerca de haber sido abandonados por sus padres biológicos. Se puede utilizar Integración del Ciclo Vital con éxito para resolver traumas tempranos conocidos o desconocidos y déficits en el apego temprano.

Trabaja con los padres adoptivos y con la niña para crear una Línea del Tiempo. Las claves deben incorporar toda la información real disponible acerca del nacimiento y vida temprana, incluyendo cuándo y cómo el niño se vino a vivir con los padres adoptivos. Utiliza dos o tres claves de recuerdos para cada año. Incluye el primer recuerdo que tenga el niño (el primer recuerdo que él realmente recuerda) y continúa con dos o tres recuerdos por año hasta llegar al presente.

Dile a la niña que su Yo Bebé necesita entender qué ocurrió y cómo ha crecido. Dile a la niña que necesitas su ayuda para enseñarle a su Yo Bebé cómo ha crecido; que la forma de hacerlo es que ella vea imágenes en su mente sobre cómo ha crecido y que así las verá su Yo Bebé. Luego pídele que se imagine cómo nace, y luego avanza por las etapas de desarrollo temprano tal y como se describe en las instrucciones de la Línea del Tiempo del Nacimiento al Presente. Añade eventos conocidos de la historia de la niña cuando sea posible. Por ejemplo, si la niña fue dada en acogida temporal a los 8 meses, añade esto en la etapa de gateo. Lee todas las claves, manteniéndote sintonizada con la niña. Repítelo dos veces o más. A veces, dependiendo de la edad de la niña, el padre adoptivo la sostendrá en brazos durante la sesión mientras la niña "muestra" la historia de su vida a su yo bebé.

Trabajo con Clientes mayores

Al utilizar la terapia de Integración del Ciclo Vital con clientes de edad avanzada es importante programar tiempo suficiente. Normalmente una sesión de 90 minutos será suficiente para limpiar un recuerdo traumático, minimizando el tiempo de comentarios. Los adultos mayores tienen más años y más recuerdos que revisar. Debido a que las mentes más mayores son en general menos plásticas que las jóvenes, estos clientes necesitan a menudo más repeticiones del protocolo para limpiar un recuerdo fuente. Con clientes mayores, al limpiar un trauma del pasado, no es necesario leer la lista de recuerdos de cada año. Cuando limpiamos trauma con ICV, es más importante realizar las suficientes repeticiones del protocolo que tocar cada año de la vida. El terapeuta debe leer una clave por cada año entre los veinte y los treinta. Después está bien con leer una clave cada dos o tres años. Al saltar entre años, utiliza los impares y luego los pares, o alterna intervalos de dos años con intervalos de tres. Cuando saltes entre años, no dejes fuera ningún evento importante, incluso si esto significa leer más claves. Cuando se trabaja con un cliente mayor para estructurar su Yo, en lugar de limpiar traumas, necesitarás tiempo suficiente para tres repeticiones del Protocolo Vinculación de ICV. Cuando se estructura el Yo, es mejor leer una clave por año. Noventa minutos es normalmente adecuado para tres repeticiones del Protocolo de Vinculación de ICV, reduciendo los comentarios al mínimo.

Capítulo Doce
Obstáculos más Frecuentes en el Procesamiento con ICV

La persona no recupera las Imágenes correctamente

La "visualización" repetida de imágenes cronológicas de la vida es clave para la integración neuronal. La meta de Integración del Ciclo Vital es estimular las redes neuronales para que hagan nuevas conexiones unas con otras y, finalmente, crear un mapa más fluido del Yo a través del espacio y del tiempo. Para que este proceso llegue a ser fluido, es necesario que la cliente permita que los recuerdos surjan espontáneamente. La habilidad para verse de forma fluida a través del tiempo y el espacio, o conciencia autonoética, correlaciona de forma estrecha con el apego seguro y con la integración neuronal.

No hay una única forma correcta de "ver" la imagen del recuerdo. Cada clave del recuerdo llevará al cliente tiempo atrás hasta la escena de un recuerdo concreto. Los clientes que están presentes en sus cuerpos también tendrán buen acceso a su hemisferio cerebral derecho. Estos clientes "verán" y sentirán que se amplían los recuerdos cada vez que una clave se repite. La ampliación estará relacionada de alguna manera con una clave concreta, ya sea recordando más detalles acerca de la clave del recuerdo o ya sea apareciendo otro evento que de alguna manera está relacionado. Ir de un recuerdo a otro al azar, entre nuevos recuerdos que no tienen relación, no provoca integración. La integración neuronal funciona mejor cuando los clientes son capaces de "ver" y sentir la escena del recuerdo a través de todos sus sentidos. Los clientes que están bien conectados a sus cuerpos experimentarán el recuerdo de olores, sonidos, y sensaciones corporales y táctiles de la época del recuerdo. Las mejores claves enfocarán al cliente a los recuerdos ricos en detalles sensoriales.

Generalmente "ver" una imagen no será suficiente. Los clientes que están muy disociados pueden ser buenos trayendo imágenes de recuerdos, pero normalmente no podrán ampliarlas mucho más de una repetición a otra. La ampliación de recuerdos debe suceder sin esfuerzo. Muchos clientes con buena evocación de recuerdos son capaces de relajarse y permitir imágenes, olores, emociones e insights de una toma de consciencia espontánea.

Comprueba que la persona tiene la sensación de recordar, de estar "en el recuerdo". En otras palabras, diferencia entre la "visión" interna de un recuerdo real y la visión de la persona que ve una imagen fotográfica en su mente, pero que no es un recuerdo real de haber estado allí. Si la persona está recuperando imágenes espontáneamente, las imágenes llegarán a ser más ricas y variadas en cada repetición del protocolo. Irán surgiendo nuevos recuerdos durante cada repetición y los recuerdos llegarán a ser más positivos durante cada repetición.

Cuando se trabaja con clientes disociados y clientes con huecos de memoria, el terapeuta debe leer, para cada año, la clave de ese año que tenga mayor potencial para amplificarlo en una dirección sensorial. Para estimular una ampliación neuronal, el terapeuta debe continuar leyendo la misma clave en cada repetición.

Si la persona tiene buena memoria pero no puede traer los recuerdos de forma espontánea, seguramente está utilizando el cerebro izquierdo para "recordar" eventos de la vida que ha memorizado como por ejemplo qué profesor tenía en la escuela ese año, dónde trabajaba, etc. Algunas personas harán un esfuerzo para ocultar o censurar las imágenes de recuerdos según vayan surgiendo. Pueden decir que no quieren mostrar las escenas malas a su Yo Infantil, o que los recuerdos parecían demasiado mundanos y en su lugar buscaban recuerdos de ocasiones importantes. Si la cliente está censurando sus imágenes, está utilizando un proceso del cerebro izquierdo y la integración será mínima. Explícale que conseguirá mejores resultados con la terapia si permite que sus recuerdos vengan, tanto si son buenos, malos o neutros.

Cuando la persona interrumpe su proceso para contar acerca de cada imagen, el proceso no es fluido y se da menos integración. Además existe el riesgo de que por discutir las imágenes de otros recuerdos, se activen las redes emocionales asociadas con éstos, lo que podría disparar emociones que necesiten ser contenidas. La terapeuta debe continuar leyendo las claves, explicando al cliente que el proceso funciona mucho mejor sin interrupciones. En el descanso la terapeuta puede tomar breve nota de lo que le vino al cliente pero haciendo un esfuerzo por mantener cualquier conversación breve hasta que el cliente haya pasado por suficientes repeticiones del protocolo.

La persona interrumpe el proceso hablando demasiado

Durante una sesión de Integración del Ciclo Vital, el material que surge suele ser bastante interesante para la cliente. Es fácil para ambas, cliente y terapeuta, distraerse con los nuevos recuerdos e insights. Ten en cuenta que la charla excesiva descarrilará el proceso de Integración del Ciclo Vital por las siguientes razones:

- Hablar lleva a la cliente a las cogniciones y al lenguaje (hemisferio cerebral izquierdo), alejándola de las sensaciones e imágenes que tienen que estar presentes para que se pueda dar la integración neuronal.

- Hablar rompe la fluidez de imágenes al detenerse para discutir una imagen.

- Hablar consume tiempo, haciendo más difícil realizar el número de repeticiones necesarias en el espacio de tiempo disponible.

- Hablar de un recuerdo nuevo, dependiendo de la naturaleza de ese recuerdo, tiene el potencial de activar otras redes emocionales asociadas a recuerdos somáticos y emocionales.

Puede haber varias razones para que las personas interrumpan su procesamiento hablando. Muy a menudo están condicionadas de antes y piensan que una terapia consiste en hablar. Les resulta difícil comprender por qué la terapeuta no necesita conocer todos los detalles de todo lo que aparece durante una sesión de Integración del Ciclo Vital. Algunas clientes hablan como una manera de distanciarse de sentimientos incómodos; y otras, que aún no son capaces de relajarse y confiar en el proceso, usan la conversación como una forma de tomar el mando de la sesión. Es tarea de la terapeuta disuadirle de entrar en cualquier conversación innecesaria.

Las personas que han llegado a familiarizarse con el Protocolo de Integración del Ciclo Vital, que se han beneficiado de él, son generalmente muy buenas manteniendo la conversación al mínimo y ofreciendo solamente las respuestas necesarias. La terapeuta debe preguntar al cliente al principio de la sesión si quiere usar su sesión para hacer una "terapia de hablar" o para la terapia de Integración del Ciclo Vital. Quienes han sentido los beneficios de ICV normalmente eligen la última y normalmente suelen sentirse cómodos con las restricciones de las charlas.

El terapeuta interrumpe el proceso hablando demasiado

Para los terapeutas entrenados analíticamente la parte más difícil de Integración del Ciclo Vital, es aprender a confiar en el proceso. Esto requiere que el terapeuta no tenga en cuenta mucho de lo que ha aprendido con anterioridad. Incluso si el terapeuta es capaz de analizar correctamente el problema de la cliente, el análisis se hace irrelevante cuando se utiliza ICV como modalidad de tratamiento.

Si el terapeuta o la cliente pasan demasiado tiempo hablando, puede no haber tiempo suficiente para que se den suficientes repeticiones de la Línea del Tiempo de ICV. Las repeticiones de la Línea del Tiempo son donde se produce la integración neuronal y donde tiene lugar la mayor parte de la curación. Si el terapeuta habla demasiado para guiar la Conversación Interna, el Estado del Ego Infantil se desconectará del terapeuta y del Yo Adulto. Durante las conversaciones internas el Estado del Ego Infantil se beneficiará más de frases breves que le den la información que necesita. El tiempo que se ahorra se puede utilizar para guiar juego imaginario entre el cliente adulto y su Yo Niño o para hacer repeticiones adicionales de la Línea del Tiempo de recuerdos e imágenes.

El Yo Adulto tiene problemas para entrar en la Escena del Recuerdo

Cuando procesamos un suceso traumático de la infancia de una persona usando el protocolo de Integración del Ciclo Vital, algunas personas tienen problemas al llevar a sus yoes adultos a la escena del recuerdo abordada en el Paso 3. Cuando esto ocurre es normalmente porque la adulta ha llegado a identificarse demasiado con el Estado del Ego Infantil en la escena del recuerdo, y se ha desconectado de las fuerzas y las capacidades que tiene como adulta. En otras palabras, no hay un Yo Adulto disponible para llevar a la escena. En el Paso 3 del Protocolo de Integración del Ciclo Vital, si la adulta comenta tener problemas para entrar en la escena abordada, empieza a leer los recuerdos clave desde la edad del recuerdo enfocado hasta llegar al presente. Esto hará que la cliente se reconecte con su actual Yo adulta. Puede ser necesario repetir la Línea del Tiempo dos veces.

En algunos casos la adulta está completamente presente pero se siente abrumada por la perspectiva de ir sola a la escena del trauma infantil. Siempre que sea adecuado, invita a la cliente a usar cualquier recurso en imaginación que le sea de ayuda. Algunas veces se imaginan trayendo a oficiales de policía, trabajadores sociales, o cuidadores para hermanos más pequeños. Otras veces eligen imaginarse trayendo a amigos o parejas para que les ayuden, o guías espirituales, ángeles, u otras figuras religiosas.

Interferencia de Partes Separadas del Yo

Cuando una cliente, normalmente cooperadora, parece estar haciendo un esfuerzo considerable para distraer e interrumpir el procesamiento de Integración del Ciclo Vital, es bastante probable que el Yo de la cliente se haya visto temporalmente atrapado por una Parte del Yo, que se está sintiendo amenazada con la perspectiva de la integración. A menudo cuando una Parte adicta de una cliente "se da cuenta" de que está siendo cada vez más difícil tomar el control del Sistema del Yo, esta Parte comienza a interferir con el proceso de Integración del Ciclo Vital. Las Partes del Yo sólo pueden entrar en juego cuando la débil función ejecutiva del sistema del yo está "desconectada".

Los clientes que tienen partes separadas suficientemente potentes como para secuestrar periódicamente al Sistema del Yo, se beneficiarán más de sesiones de estructuración de ICV. Cuanta mayor presencia haya del Yo, los estados disociativos pierden su habilidad de tomar el mando del sistema del yo.

La persona se disocia durante el Paso 6, la Línea del Tiempo

Las personas con problemas de disociación, cuando se las guía a través de la Línea del Tiempo, tienen tendencia a ir a la deriva, durante y entre imágenes. La integración neuronal ocurre cuando los clientes son capaces de estar presentes en sus cuerpos a medida que recuerdan (ven y sienten) las imágenes de sus recuerdos. Los clientes disociativos están acostumbrados a vivir en sus pensamientos, o en un mundo de fantasía, desconectados de sus sensaciones corporales. La Terapia de Integración del Ciclo Vital aumentará su conexión con el cuerpo y con la emoción, y a medida que esto ocurre inconscientemente harán cosas para defenderse contra sensaciones desagradables y desconocidas.

La disociación puede contrarrestarse, hasta cierto punto, con las siguientes estrategias:

1) El terapeuta mantiene una conexión energética con el cliente durante toda la Línea del Tiempo. Si el terapeuta se ve a sí mismo luchando por no caer dormido, es probable que el cliente se haya disociado.

2) El cliente llega a un acuerdo para indicar al terapeuta con una señal cada vez que tenga la imagen de un recuerdo de su vida. Cuando no lo indique, el terapeuta le pregunta: "¿Tienes la imagen?"

3) Si el cliente parece perderse cuando cierra los ojos, pídele que continúe el proceso con los ojos abiertos o semi-abiertos.

4) Los clientes disociativos deben tener algo a mano como un aroma fuerte y olerlo de vez en cuando.

5) Observa la respiración del cliente. Si es necesario, recuérdale que respire profundamente.

El terapeuta necesita Terapia de Integración del Ciclo Vital

La capacidad del terapeuta para permanecer presente y enraizado es un elemento crítico de la terapia de Integración del Ciclo Vital. La presencia calmada del terapeuta transmite al Estado del Ego Infantil la energía que la niña necesita para sentirse segura y contenida. Al utilizar el Protocolo de Nacimiento de ICV, la conexión energética del terapeuta con la cliente y con la Yo bebé de la cliente es similar a la conexión energética y la Vinculación que se da entre un padre y su hijo durante el desarrollo infantil temprano y el apego.

Los terapeutas que son coherentes, congruentes y están integrados serán capaces de permanecer presentes con sus clientes, sin importar lo que surja durante el procesamiento. Los terapeutas que han hecho su propio trabajo de curación conseguirán mejores resultados al utilizar Integración del Ciclo Vital con sus clientes. Un terapeuta que sea interiormente caótico no podrá transmitir a la persona, y al estado infantil, la energía enraizada y calmada necesaria para la óptima integración neuronal.

Cliente con Trastorno de Identidad Disociativo no diagnosticado

Algunas clientes con TID. no son conscientes de lo que tienen; otras personas son muy buenas ocultando sus cambios de "alter" o Estados del Ego. Es muy posible que un terapeuta que esté trabajando con una cliente con TID no se percate de que tiene ese problema. La Terapia de Integración del Ciclo Vital es muy útil para trabajar con clientes TID, pero solamente si la cliente es capaz de permanecer en un Estado del Ego y mantener su Self Central presente a lo largo de todo el protocolo Integración del Ciclo Vital. Si el terapeuta está trabajando con una cliente con TID sin conocer que exista tal diagnóstico, es posible que los cambios entre Estados del Ego durante el procesamiento de Integración del Ciclo Vital impidan que se dé la necesaria integración. Muchas personas disociadas sufren sacudidas o espasmos ligeros cuando se dan estos cambios entre los Estados del Ego. Si no hay progreso con la terapia de Integración del Ciclo Vital es probable que la persona tenga un TID no diagnosticado. En ese caso, intenta utilizar el protocolo modificado de ICV para trabajar con personas con TID.

Uso de Marihuana y otras medicinas

Los ingredientes activos de la marihuana bloquean la integración neuronal. Algunos terapeutas han tenido éxito utilizando Integración del Ciclo Vital para ayudar a algunas personas a reducir su consumo de marihuana para, finalmente, dejar su uso o abuso. Si la persona es capaz de no fumar marihuana durante tres días se puede utilizar ICV para ayudarle a encontrar mejores formas de calmarse.

Las benzodiacepinas bloquean severamente la acción neuronal necesaria para la integración. Desafortunadamente, las benzos se prescriben habitualmente para los trastornos de ansiedad. Otras medicaciones como los opiáceos y otros calmantes del dolor disminuyen la acción neuronal y parece que se enlentece el progreso con ICV, pero no bloquean por completo la integración. Los ISRS (Inhibidores Selectivos de la Recaptación de Serotonina) no interfieren de forma significativa con la Integración del Ciclo Vital excepto cuando la dosis es tan alta que el cliente está demasiado fuera de su cuerpo. Es necesario recoger más datos sobre qué drogas y medicamentos parecen interferir con la terapia de Integración del Ciclo Vital.

Capítulo Trece
Preguntas más Frecuentes

¿Cuánto Tiempo es necesario para una sesión de Integración del Ciclo Vital?

El tiempo recomendado para una sesión de LI varía dependiendo de la edad de la cliente y de la experiencia del terapeuta. Para clientes de 40 años en adelante, será preferible una sesión de 75 a 80 minutos. Los clientes de más edad necesitan normalmente más repeticiones de los Pasos 3 al 7 para limpiar el Recuerdo Fuente. Además, independientemente de qué protocolo se esté usando, cada repetición lleva más tiempo para una cliente de más edad, simplemente porque hay muchos más años que recorrer.

Cuando se está empezando a utilizar la terapia de Integración del Ciclo Vital es mejor programar sesiones de 75 a 80 minutos. Después de que el terapeuta se ha familiarizado con el protocolo, 50 minutos deberían ser suficientes con la mayoría de las personas menores de 40 años. Programa más tiempo para pacientes con disociación.

¿Es adecuado desviarse del Protocolo según está descrito en el libro?

El protocolo actúa como una guía. Si entiendes los principios que funcionan en Integración del Ciclo Vital podrás afinar el protocolo para satisfacer las necesidades de cada persona. Los enunciados escritos en el libro son generales y algunas veces pueden no ser aplicables. Cuando se utiliza Protocolo Estándar de ICV para limpiar trauma, a menudo el estado del Yo Infantil necesita atención más que información. Los terapeutas que entiendan las necesidades de los niños en las diferentes etapas evolutivas, serán capaces de guiar al cliente adulto para que proporcione al yo niño lo que necesita o para que entre en una edad determinada con intervenciones en imaginación adecuadas al Yo infantil.

¿Por qué necesita el terapeuta indicar a la cliente adulta qué decir y qué hacer con su Yo Infantil?

Cuando la cliente adulta retrocede en el tiempo hasta ser su Yo niña en la escena del pasado, experimentando los sentimientos del evento pasado, ella no sabrá en ese momento lo que la niña necesita oír. Esto es así incluso cuando la cliente adulta es, en la actualidad, una cualificada psicoterapeuta infantil.

Para poder pensar en lo que la niña necesita, la cliente adulta tendría que dejar el Estado del Ego Infantil y entrar en un estado adulto más cognitivo. Para limpiar traumas del pasado, la cliente debe engancharse a las redes neuronales del recuerdo traumático. La cliente adulta será capaz de mantener intacta esta conexión sólo si se mantiene alejada de actividades cognitivas tanto como sea posible.

¿Y si el Yo Infantil no coopera?

Los clientes con sistemas del yo fragmentados se beneficiarán más con los protocolos de estructuración de ICV. Si se decide utilizar el Protocolo Estándar de ICV para limpiar trauma, el terapeuta debe explicar al cliente de antemano que el trabajo de limpieza de trauma implica permanecer sentado hasta que se hayan realizado todas las repeticiones necesarias para limpiar el trauma. Si el cliente está de acuerdo con esto, y a mitad de camino de la sesión nos dice que ya no quiere ver más las escenas de su vida, muy probablemente el Yo Infantil está al mando de la función ejecutiva.

En estos casos, simplemente instruye al cliente adulto para que informe al Yo infantil de que no tiene que ver las imágenes. Él puede leer un libro o taparse los ojos mientras el terapeuta continúa leyendo los recuerdos durante tantas repeticiones como sea necesario. Si el cliente escucha la lista de recuerdos, "verá" las imágenes de los recuerdos. Todas las partes del sistema del yo del cliente verán las imágenes hasta cierto punto ya que sólo hay una mente y un sólo córtex visual. Esto será suficiente para completar una sesión de limpieza de trauma. Para evitar este problema, utiliza el Protocolo Vinculación de ICV con clientes disociados hasta que haya un Self central sólido.

¿Y si la persona no tiene recuerdos de ciertos períodos de tiempo?

No es necesario que la Línea del Tiempo tenga recuerdos para cada año de vida de la persona. Se pueden admitir huecos de memoria de uno o dos años. Si la persona no tiene ningún recuerdo de una cierta edad, pídele que se imagine con esa edad estando en el vecindario donde residía, o enfrente de colegio al que iba o en la casa en la que vivía.

No comiences una terapia de ICV con clientes que tienen huecos de memoria de tres años o más. Trabaja primero con estos clientes en construir su Línea del Tiempo. Dedica varias semanas para hablar de su historia de vida y trabaja conjuntamente en una sesión con el cliente para elaborar la Línea del Tiempo. Al comienzo no es necesario que los recuerdos estén colocados en una secuencia correcta o que estén vinculados a la edad exacta. Una vez que la Línea del Tiempo esté completada, comienza la terapia con varias sesiones de protocolos de estructuración. A medida que nuevos recuerdos entren en la conciencia la persona puede querer volver a escribir los recuerdos en su Línea del Tiempo y colocarlas en el orden cronológico correcto.

¿Es necesario que la persona se vea a sí misma en la Escena del Recuerdo?

No, no es necesario que la persona se vea a sí misma en la escena del recuerdo. La integración funciona mejor cuando los clientes re-viven el recuerdo. Muchos clientes informan de una mezcla de input sensorial a medida que re-experimentan el recuerdo. En lugar de "ver" la escena del recuerdo, algunos clientes pueden recordar lo que sintieron, escucharon, olieron o saborearon. Cualquier recuerdo sensorial contribuirá a la integración. Algunos clientes disociativos son bastante buenos "viendo" sin realmente sentir. Simplemente "ver" una imagen estando disociada de las sensaciones corporales y de las emociones no contribuirá a la integración neuronal.

Es más común que vengan los recuerdos tal y como se vieron originalmente, desde los ojos del Yo Niño. A veces la persona verá sólo partes del recuerdo. No es necesario ver toda la escena. Es bastante probable que con las siguientes repeticiones de la Línea del Tiempo surjan más detalles del recuerdo. Es importante, de todas formas, tener una sensación de recordar ese hecho como fue. Se pueden utilizar fotografías para estimular los recuerdos, pero para que la integración neuronal sea eficaz es necesario que recuerden el hecho real que fue fotografiado.

Cuando leemos la Línea del Tiempo durante el Paso 6 funciona mejor decir: "Recuerda estar aprendiendo a montar en bici". En otras palabras, di "recuerda" y después di el recuerdo clave o directamente lee la clave. Decir: "Mírate a ti mismo montando en bici" provoca que muchos cli entes se salgan de sí mismos para ver la imagen en lugar de experimentar la sensación de montar en bici.

¿Qué ocurre si la persona informa de sentir dolor físico durante Integración del Ciclo Vital?

Es bastante común que el dolor físico asociado con el Recuerdo Fuente reaparezca en el cuerpo de la persona para ser liberado durante Integración del Ciclo Vital. ICV parece ser capaz de acceder e integrar recuerdos somáticos e implícitos. A veces, el dolor aumenta en las dos o tres primeras repeticiones del protocolo según la persona profundiza en el recuerdo. Según se avanza en las repeticiones de los Pasos 3 al 7, su cuerpo-mente entenderá completamente que aquello pasó hace mucho tiempo. Cuando el cuerpo-mente lo entiende, se liberan las partes del recuerdo que ya no son adaptativas para el sistema. Esto incluye la memoria corporal y neurológica del dolor físico.

¿Se puede utilizar la Integración del Ciclo Vital para tratar adicciones?

Sí, el Protocolo de Vinculación y de Limpieza de Trauma pueden utilizarse para ayudar en el tratamiento de las adicciones. La terapia de ICV funcionará con mayor probabilidad de éxito si el cliente adicto participa de forma activa en un programa o grupo de tratamiento específico para su adicción. El Protocolo de Vinculación focalizado en la regulación afectiva puede ser de mucha ayuda para la recuperación de las personas adictas que se han comprometido a abstenerse de consumos. Muchas personas adictas experimentaron trauma, negligencia o ambas en la infancia temprana. A menudo tienen problemas en las relaciones íntimas y en la regulación del afecto, y con frecuencia utilizan sus adicciones y/o comportamientos compulsivos como una forma de regular sus estados emocionales. Sesiones regulares de Protocolo de Vinculación de ICV, espaciadas semanal o quincenalmente, con un terapeuta coherente y sintonizado "enseñará" al sistema mente-cuerpo del cliente con adicción que existen mejores formas de calmarse y regular su emoción.

Las personas que tienen adicciones no cuentan con un Yo Central sólido. El debilitado Yo Central es fácilmente apartado cuando la parte adicta elige utilizar la sustancia adictiva o participar en un comportamiento adictivo. Sesiones repetidas de Protocolo de Vinculación ayudarán a fortalecer el Yo Central de la persona adicta. Las partes adictivas del Self a menudo se sienten cada vez más amenazadas a medida que la integración con ICV trae consigo un sistema del yo más coherente. A medida que el Self Central se hace más fuerte, probablemente aumenten los intentos del cliente (generados por el adicto dentro del cliente) de evitar o sabotear las sesiones de terapia con Integración del Ciclo Vital.

Nota:

La terapia de Integración del Ciclo Vital podría activar potencialmente la historia de trauma temprano del cliente, especialmente si el PN de ICV lo guía un terapeuta inexperto o un terapeuta que no es capaz de permanecer profundamente sintonizado con el cliente a lo largo de la sesión. Activar la memoria traumática en un cliente sin limpiarla por completo, podría posiblemente llevar a una recaída. Los terapeutas que trabajan con personas adictas deben tener formación y habilidades específicas para las adicciones y las recuperaciones, y deben usar ICV cuando el cliente adicto haya conseguido un nivel estable de sobriedad.

¿Y si a la persona adulta no le gusta su Yo Infantil?

Algunas veces, durante la visualización activa del protocolo de Integración del Ciclo Vital, cuando se instruye a la persona para que entre en la escena del pasado y se relacione y haga cosas con el niño, el adulto informa que el niño le desagrada. Cuando esto ocurre es probablemente porque el "adulto" no está representando la totalidad del Yo sino que se trata del una parte del Yo. Si la persona adulta informa sentir este rechazo por su Yo Niño, cambia al protocolo de Vinculación. Repitiendo el protocolo de Vinculación el Self Central se verá fortalecido. Cuando el Yo Central de la persona esté suficientemente fortalecido ésta será capaz de mantener a su Yo Central presente en el proceso y podrá sentir afecto y compasión por todos sus Estados del Ego infantiles.

¿Y si al Yo Niño no le gusta su Yo Adulto?

Esto es bastante común y no representa realmente un problema siempre y cuando al Yo Adulto le guste su Yo Infantil. A veces el Estado del Ego Infantil está enfadado con el Yo Adulto y no le gusta. A menudo, los Estados del Ego infantiles que están escindidos del Sistema del Yo y que han sido dejados en el pasado se sienten heridos y abandonados. En el Paso 7 del protocolo de ICV una pregunta muy frecuenta que hace el Estado del Ego Infantil es: "¿Por qué me has abandonado?" Otra pregunta frecuente es: "¿Me quieres?"

Cuando el niño le dice al adulto que no lo quiere, instruye al cliente adulto para que le diga al Yo Niño lo importante que es para él. Instrúyele para que se disculpe por haberle dejado en la escena del trauma del pasado. Haz que la persona adulta le diga al niño que le dejó allí porque tenía que crecer, pero que ahora ha crecido y ha vuelto para recoger al niño y no lo va a abandonar otra vez. Instruye a la persona para que cuide de las necesidades del niño y para que pase tiempo, en imaginación, con el Estado del Ego Infantil. Guía intervenciones apropiadas a la edad de manera que el adulto pueda contactar con su Yo niño y le apoye tanto en el lugar tranquilo como en la casa del presente. Dale 15-30 segundos en silencio para que el adulto pueda imaginarse interactuando con su Yo niño, apoyándole y mostrándole cuán importante es para él. Normalmente a la tercera repetición del protocolo el Yo Infantil empieza a entrar en confianza con el adulto.

¿Y si el Yo Infantil no confía en el adulto?

El Yo Infantil en el Recuerdo Fuente puede no confiar en las personas adultas. El niño ha sido congelado en el tiempo y tiene que confiar en su experiencia limitada de las personas adultas para determinar si esa persona es o no segura. Si la persona experimentó abuso y abandono de los adultos en su infancia temprana su Estado del Ego Infantil puede no comprender que algunas personas adultas son seguras y tienen buenas intenciones. A veces es eficaz hacer que la persona adulta le explique al Estado del Ego más joven que algunas personas pueden ser seguras, pero esto no suele ser suficientemente convincente.

Si la Yo Infantil no confía en la Yo Adulta y no quiere venir con ella a un lugar seguro, el terapeuta debería instruir a la persona para que le diga a la Yo Niña que le va a mostrar que ha crecido y se ha convertido en una parte de la adulta. El terapeuta lee entonces la Línea del Tiempo comenzando con la primera clave después del recuerdo fuente y terminando en tiempo presente. Revisando su vida de esta manera empezará a mostrar a la Yo niña que ha crecido y que ahora forma parte de la adulta. Ella verá en la Línea del Tiempo que algunos adultos son de fiar. Normalmente tras un viaje por la Línea del Tiempo, la Yo Niña es capaz de confiar en la adulta lo suficiente como para irse con ella a un lugar tranquilo en la siguiente repetición del protocolo.

¿Y si el Estado del Ego Infantil no quiere dejar el Pasado?

A veces la persona informa de que el Estado del Ego Infantil en el Recuerdo Fuente no quiere dejar el pasado. O bien al Yo Niña le gusta estar allí, o está intentando resolver algún asunto que fue un problema para ella en ese momento de su vida. Debido a que los Estados del Ego están congelados en el tiempo, el Yo Infantil no se da cuenta de que el problema que está intentando resolver ya no es un problema. Por ejemplo: un Estado del Ego Infantil puede sentir la necesidad de permanecer en el pasado porque está preocupada de que si se marcha nadie va a cuidar de sus hermanos pequeños.

Cuando el Yo Infantil se resiste a dejar el pasado, pídele a la adulta que le explique a la Yo Niña que el pasado existe ahora sólo como un recuerdo. La Yo Niña ha crecido y se ha convertido en la adulta, y permanecer en el pasado no es realmente algo posible. Guía entonces a la persona a través de la Línea del Tiempo de recuerdos e imágenes comenzando por el año posterior a la edad del Estado del Ego estancado y acabando en el presente. Después de alcanzar la edad actual de la cliente, haz que traiga en su imaginación al Estado del Ego resistente al presente y le enseñe dónde vive ahora. Repítelo tantas veces como haga falta para convencer a la Yo Niña de que el pasado está realmente en el pasado.

¿Y si en el Paso 1 el cliente recupera un recuerdo positivo?

A veces sucede que en el Paso 1 del Protocolo Estándar, cuando el cliente parte del problema actual y sigue a su Sistema mente-cuerpo, termina en un recuerdo positivo. Cuando esto sucede es normalmente porque el sistema del cliente necesita recuperar recursos para sí mismo (integrando un recuerdo positivo junto con otros recuerdos positivos asociados a lo largo del tiempo) antes de estar preparado para acceder a la memoria traumática.

Cuando el cliente vuelve a un recuerdo positivo en el Paso 1, simplemente sigue el protocolo e indica al Yo adulto que entre en la escena del pasado, que converse con el Yo niño y que le enseñe la Línea del Tiempo para integrar el recuerdo positivo y otros recuerdos positivos asociados que surgirán espontáneamente a lo largo de la Línea del Tiempo de recuerdos e imágenes. Una vez que el recuerdo positivo ha sido integrado, quedando aún tiempo suficiente de sesión, vuelve al problema actual (paso 1) y de nuevo pide al cliente que se focalice en lo que siente en su cuerpo. El cliente ahora probablemente estará preparado para ir al recuerdo fuente más conectado con el problema actual.

Acceder a los recursos al principio de una sesión de ICV no es frecuente; esto suele suceder de manera espontánea hacia el final de la sesión de ICV cuando el cliente está en las últimas repeticiones de la Línea del Tiempo. Con cada repetición de la Línea del Tiempo aparecen más recuerdos positivos relacionados con recursos.

¿En qué se diferencia Integración del Ciclo Vital de otras técnicas?

La Terapia de la Integración del Ciclo Vital difiere de otros métodos en que utiliza las repeticiones de la historia de vida del cliente, en formato visual y sensorial, para alcanzar la integración y aumentar la coherencia dentro del sistema del yo del cliente. Se sabe desde hace tiempo que la integración neuronal de los niños pequeños se consigue a través de la co-construcción de la narrativa autobiográfica. La evidencia de la experiencia clínica nos muestra que la integración neuronal en adultos durante la terapia de Integración del Ciclo vital se consigue a través del mismo mecanismo.

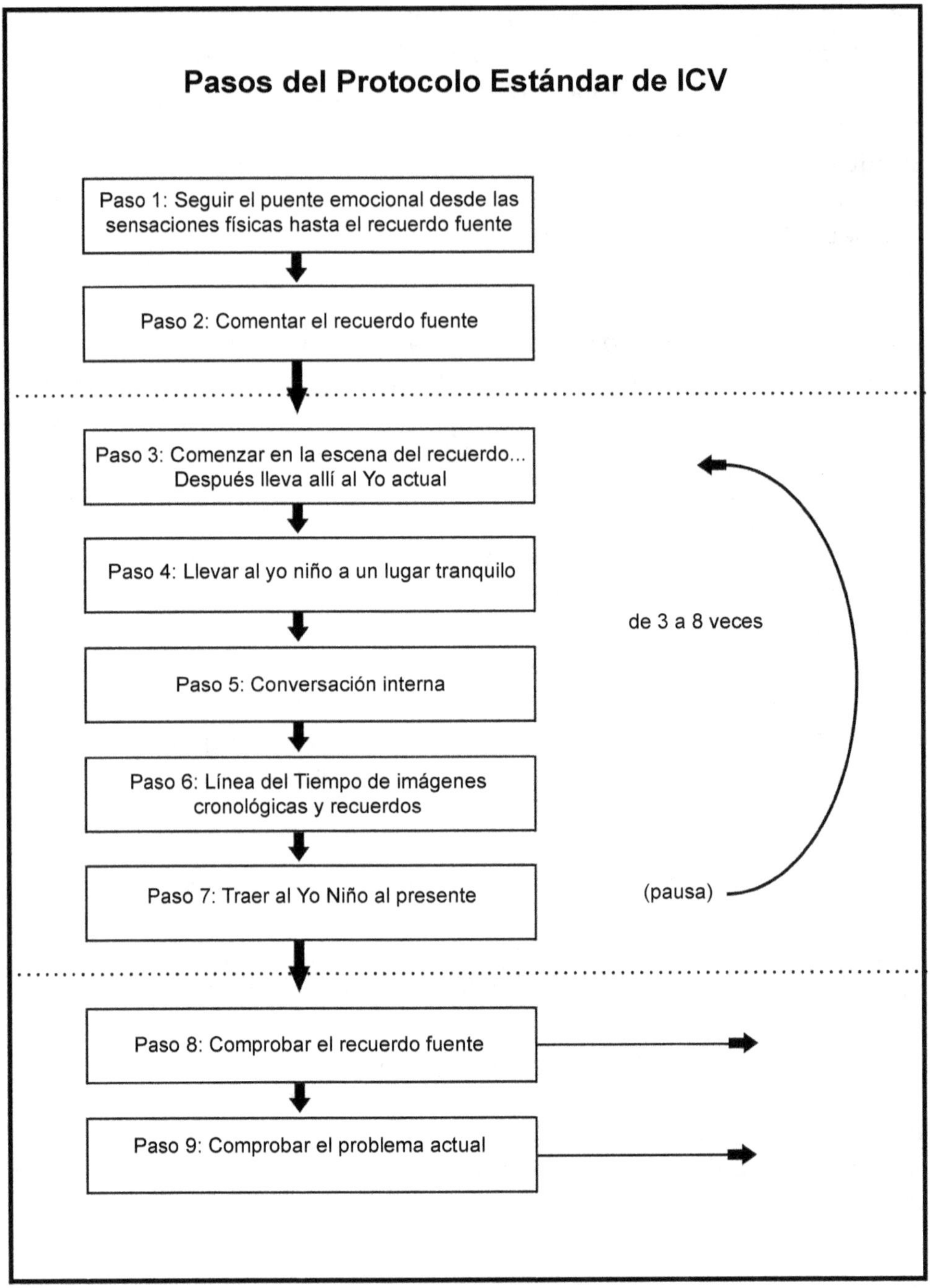

Pasos del Protocolo Estándar de ICV

Paso 1: Seguir el puente emocional desde las sensaciones físicas hasta el recuerdo fuente

↓

Paso 2: Comentar el recuerdo fuente

↓

Paso 3: Comenzar en la escena del recuerdo... Después lleva allí al Yo actual

↓

Paso 4: Llevar al yo niño a un lugar tranquilo

↓

Paso 5: Conversación interna

↓

Paso 6: Línea del Tiempo de imágenes cronológicas y recuerdos

↓

Paso 7: Traer al Yo Niño al presente

de 3 a 8 veces

(pausa)

↓

Paso 8: Comprobar el recuerdo fuente →

↓

Paso 9: Comprobar el problema actual →

Diagrama 8

134

Preparación de una Lista de Recuerdos

Al comenzar a hacer la terapia de Integración del Ciclo Vital, mucha gente no es capaz de recuperar recuerdos espontáneamente durante el paso de la Línea del Tiempo del protocolo de ICV (Integración del Ciclo Vital). Este es el paso en el que el Yo Adulto demuestra a su Yo Niño/a interior que el tiempo ha pasado y que el niño/a ha crecido. Incluso personas que recuerdan fluidamente muchos años de sus vidas, pueden tener algunos huecos o períodos de años en los que les cuesta mucho más recuperar recuerdos. La Línea del Tiempo te permitirá recordar aspectos visuales y sensoriales para cada recuerdo a través del hemisferio cerebral derecho; y esto mejorará tu habilidad para recordar más cosas de tu vida. El objetivo para poder alcanzar la integración es lograr que avances a una más libre asociación de recuerdos al avanzar visualmente de año en año. Te darás cuenta al experimentar una sesión de Integración del Ciclo Vital que cuando te lea una clave de tu lista, empezarán a surgir, de forma espontánea, otros recuerdos de ese mismo marco temporal.

Para preparar la lista de recuerdos comienza por el recuerdo más temprano que tengas. Para la mayor parte de la gente el recuerdo más temprano suele ser a la edad de dos o tres años. Trata de recordar al menos un recuerdo por cada año de tu vida. Por cada recuerdo, anota la edad que tenías en ese recuerdo, y después de la edad anota una palabra o frase que te permita traer ese recuerdo cuando tu terapeuta te lea esa palabra o frase. Tu terapeuta no necesita entender lo que significan esas palabras o claves; sin embargo, es importante que tu terapeuta sea consciente de qué recuerdos están asociados a eventos traumáticos. Necesitas sólo una clave por cada año; sin embargo, para poder variar es útil tener 2 o 3 recuerdos por año. Asegúrate de separar tus recuerdos con una raya oblicua (/) como marca. Tu terapeuta leerá sólo un recuerdo por año, pero puede alternar recuerdos en diferentes repeticiones.

Intenta pensar en un recuerdo para cada año de tu vida, desde tu recuerdo más temprano hasta el presente. Recuerdos que puedan evocar olores, sabores, sonidos y sensaciones táctiles funcionan mejor para promover la integración. Por ejemplo, el recuerdo: "aprender a nadar" puede traer el olor del agua o del cloro, la sensación del agua, el sonido de estar salpicando... Los recuerdos utilizados en la Línea del Tiempo deben ser específicos para un solo año. Por ejemplo, "trabajar en el Ayuntamiento" no sería una buena clave si has trabajado allí más de dos años. En este caso la clave necesita ser más concreta, como "trabajar en el proyecto X en el Ayuntamiento". Anota tus recuerdos cronológicamente. Escribe con letra legible o escribe con tu ordenador. Las claves que anotes deberían ser cosas que recuerdes realmente, no escenas que hayas visto en una foto pero que cuando ves la foto realmente no recuerdas cuando te la hicieron. Las claves que anotes también pueden ser el nombre de un amigo/a con el que pasaras tiempo a esa edad, o un lugar del pasado que tú recuerdes.

No es en absoluto necesario que los recuerdos sean importantes. Incluso recordar el aspecto de una casa, de una escuela, es suficiente si es todo lo que recuerdas. Asegúrate de incluir los hechos importantes que han impactado tu vida como muertes de personas importantes para ti, bodas, divorcios, nacimientos, etc. La Línea del Tiempo debería abarcar tu vida entera, desde tu recuerdo más temprano hasta el momento presente.

Ejemplo de Línea del Tiempo para las edades comprendidas entre 10 y 13
1989. 10 años. Mi mejor amigo Andrés
1990. 11 años. Mudanza a Madrid/ Empiezo colegio nuevo
1991. 12 años. Campamento de verano
1992. 13 años. Esquiando con Manolo/ Viaje de fin de curso

Estas instrucciones de la Línea del Tiempo deben fotocopiarse y entregarse a los clientes.

Glosario

Conciencia Autonoética—Autoconocimiento, la capacidad de ver al Yo a través del tiempo.

Estado del Ego—Un tipo de estado del yo que está asociado con el ego o que trabaja a través del ego. También se puede ver al Estado del Ego como una red neuronal. (Ver 'Estado del Yo' más abajo).

Estado del Yo—Un patrón concreto de neuronas que disparan juntas creando una cierta sensación corporal, emoción, estado de ánimo, etc., que son específicos de esa red neuronal concreta. Los niños existen como una serie de Estados del Yo que después se van integrando para formar un sistema unido del yo.

Integración—La organización de varios rasgos, sentimientos, actitudes, etc., en una personalidad armónica. (Del Webster's New World Dictionary).

Memoria explícita—La memoria que se desarrolla a partir del segundo año de vida. Necesita de una atención focal para su codificación. Implica el recuerdo del Yo en el tiempo.

Memoria implícita—Memoria sensorial (corporal, conductual, perceptual y emocional), está presente desde el nacimiento, no necesita atención focal para su procesamiento, no hay un recuerdo del Yo en el tiempo, no hay sensación de tener recuerdo.

Parte—Un Estado del Yo que vive su propia vida, existiendo fuera del control del ego.

Plasticidad Neuronal—La condición de la plasticidad neuronal se da cuando muchas neuronas disparan simultáneamente, lo que aumenta la probabilidad de que nuevos patrones de disparo sinápticos se den en el futuro. Es más posible que se den nuevos aprendizajes y cambios de viejos patrones bajo condiciones de plasticidad neuronal.

Red Neuronal—Una red de neuronas comunicadas por medio de conexiones sinápticas. El cerebro humano contiene miles de millones de neuronas y millones de redes de neuronas. Estas redes están conectadas entre sí, en distintos grados, a través de procesos integradores del cerebro.

Referencias

Almaas, A.H. *The Point of Existence: Transformations of narcissism in self-realization*, Boston, MA: Shambhala Publications, 2000.

Almaas, A.H. *Essence*, Boston, MA: *Red Wheel*/Weiser, LLC, 1998. (Versión castellana: *La esencia: el enfoque diamante para la realización interior*, Madrid, Equipo Difusor del Libro, 2003.

Almaas, A.H. *The Pearl Beyond Price, Integration of personality into being: An object relations approach*, Boston, MA: Shambhala Publications, 1988.

Almaas, A.H. *Elements of the Real in Man*, Boston, MA: Shambhala Publications, 1987.

Almaas, A.H. *The Freedom to Be*, Boston, MA: Shambhala Publications, 1989.

Almaas, A.H. *Being and the Meaning of Life*, Berkeley, CA: Diamond Books, 1990.

Almaas, A.H. *Indestructible Innocence*, Boston, MA: Shambhala Publications, 1987.

Almaas, A.H. *The Void: Inner spaciousness and ego structure*, Boston, MA: Shambhala Publications, 1986.

Castaneda, Carlos. *The Active Side of Infinity*, New York, N.Y.: HarperCollins Publishers, Inc, 1998. (Versión castellana: *El lado activo del infinito*, Barcelona, Ediciones B, 1999.

Chopra, Deepak. *Quantum Healing: Exploring the frontiers of mind/body medicine*, New York, N.Y.: Bantam Books, 1989. (Versión castellana: *Curación cuántica*, Barcelona, Plaza y Janés Editores, 1997.

Cozolino, Louis. 2002. *The neuroscience of psychotherapy: Building and rebuilding the human brain*. New York, NY: W.W. Norton and Co.

Damasio, Antonio R. 1994. *Descartes' error: Emotion, reason, and the human brain*. New York, NY: Grosset / Putnam (Versión castellana: El error de Descartes, Barcelona, Editorial Crítica, 1996.

Goswami, Amit. *The Self-Aware Universe: How consciousness creates the material world*, New York, N.Y.: Penguin Putnam Inc, 1993.

Hannah, Barbara. 1981. *Encounters with the soul: Active imagination as developed by C.G. Jung*. Santa Monica, CA: Sigo Press. (Versión castellana: *Encuentros con el Alma: Imaginación Activa como C. G. Jung la desarrolló*, México, Fata Morgana, 2009.

Johnson, Robert A. 1986. *Inner work: Using dreams & active imagination for personal growth*. New York, NY: HarperCollins Publishers

LeDoux, Joseph. 1996. *The emotional brain: The mysterious underpinnings of emotional life*. New York, NY: Simon and Schuster. (Versión castellana: *El cerebro emocional*, Barcelona, Editorial Planeta, 2000).

LeDoux, Joseph. 2002. *Synaptic self: How our brains become who we are*. New York, NY: Penguin Putnam.

Levine, Peter A. 1997. *Waking the tiger, Healing trauma: The innate capacity to transform overwhelming experiences*. Berkeley, CA: North Atlantic Books. (Versión castellana: *Curar el trauma*. Barcelona, Ediciones Urano, 1999).

Mindell, Arnold. Quantum Mind: *The edge between physics and psychology*, Portland, OR: Lao Tse Press, 2000.

Nadeau, Robert & Kafatos, Menas. *The Non-Local Universe: The new physics and matters of the mind*, New York, N.Y.: Oxford University Press, Inc, 1999.

Nhat Hanh, Thich. The Miracle of Mindfulness, Boston, MA: Beacon Press, 1975. (Versión castellana: Cómo lograr el milagro de vivir despierto, Barcelona, Ediciones Cedel, 1981.

Rinpoche, Sogyal. *The Tibetan Book of Living and Dying*, New York, N.Y.: HarperCollins Publishers, Inc, 1992. (Versión castellana: *una de ellas, El libro tibetano de los muertos*, Barcelona, RBA Coleccionables, 2002.

Schore, A.N. 1994. Affect regulation and the origin of the self: The neurobiology of emotional development. Hillsdale, NJ: Lawrence Erlbaum Associates.

Schore, Allan N. 2003. *Affect dysregulation and disorders of the self.* New York, NY: W.W. Norton and Company, Inc.

Schwartz, Jeffrey M. & Begley, Sharon. 2002. *The mind and the brain: Neuroplasticity and the power of mental force.* New York, NY: Harper-Collins Publishers, Inc.

Schwartz, Richard C. 1995. *Internal family systems therapy.* NewYork, NY: The Guilford Press.

Siegel, Daniel J. 1999. *The developing mind: Toward a neurobiology of interpersonal experience.* New York, NY: The Guilford Press. (Versión castellana: *La Mente en Desarrollo: Cómo interactúan las relaciones y el cerebro para modelar nuestro ser,* Bilbao, Editorial Desclee de Brouwer, 2007.

Siegel, Daniel J. 2012. *The developing mind: How relationships and the Brain interact to shape who we are,* New York, NY: The Guilford Press..

Watkins, J.G., *The Affect Bridge: A hypnotical technique, International Journal of Clinical and experimental Hypnosis,* 19, pp. 21-27, 1971.

CLAÚSULA DE DESCARGO DE RESPONSABILIDAD

Este libro proporciona información sobre Integración del Ciclo Vital, un método terapéutico nuevo y revolucionario que ayuda a los clientes a cambiar en un nivel profundo de cuerpo-mente. Cuando este método es aplicado por psicoterapeutas entrenados y experimentados, la Integración del Ciclo Vital permite a los supervivientes de infancias abusivas y negligentes construir nuevas estructuras neurológicas y abandonar patrones que ya no les sirven. La neurociencia nos enseña que, debido a la manera en que las redes neurales actúan en el cuerpo-mente, las estructuras actuales ("sistemas operativos") deben romperse antes de que nuevas redes neurales puedan ser construidas o reestructuradas. Leer este libro no proporcionará a los terapeutas las habilidades necesarias para empezar a practicar la terapia de la Integración del Ciclo Vital. El terapeuta que intente utilizar este método sin el entrenamiento apropiado corre el riesgo de desequilibrar el Sistema del Yo frágil de un cliente.

La eficacia de la terapia de la Integración del Ciclo Vital está bien apoyada por la experiencia clínica; sin embargo, aún no se ha realizado investigación formal sobre su eficacia. Por lo tanto, Peggy Pace y Lifespan Integration, LLC no garantiza una respuesta concreta o la eficacia de la terapia de Integración del Ciclo Vital. Es conveniente explicar a los pacientes que la Integración del Ciclo Vital es una terapia nueva y todavía no ha sido investigada completamente.

La terapia de Lifespan Integration (Integración del Ciclo Vital) consigue mejores resultados cuando el terapeuta es coherente y está emocional y energéticamente presente a través de toda una sesión de ICV. Los psicoterapeutas que han hecho su propia sanación de cuerpo-mente serán más capaces de permanecer presentes con el cliente cuando haya que contener cualquier material emocional que surja durante el procesamiento con ICV. Se aconseja a los terapeutas, psicólogos y psiquiatras que deseen utilizar este nuevo método que acudan a un curso de Integración del Ciclo Vital. En los cursos los profesionales de la salud mental pueden ver sesiones en vivo y en DVD, y pueden practicar y experimentar ICV bajo supervisión.

Para más información de fechas y lugares de formación en España visita www.integraciondelciclovital.com.

Información biográfica

Peggy pace es una consejera de salud mental y terapeuta de pareja y familia licenciada en el estado de Washington (EEUU). Peggy Pace obtuvo la Licenciatura de Química por la Universidad de Washington en 1969 y un Máster en Orientación Psicológica de la Universidad de Antioch en 1985. En los últimos 25 años se ha especializado en trabajar con adultos que han sufrido trauma en la infancia.

En 2002 Peggy Pace desarrolló la técnica de Lifespan Integration (Integración del Ciclo Vital) al trabajar con clientes en su consulta privada. En 2003 autopublicó la primera edición de su libro, Lifespan Integration: Connecting Ego States through Time. Desde 2004 ha dividido su tiempo entre su consulta privada en el Estado de Washington y los viajes y enseñanza de Lifespan Integration (Integración del Ciclo Vital) en EEUU y en Europa. Pace presentó Lifespan Integration (Integración del Ciclo Vital) en el Congreso de la Asociación Internacional de EMDR de Canadá (2006), y en el Congreso de la ACEP (Asociación para la Comprensión de la Psicología Energética) en 2006.

Para contactar con Peggy por e-mail: ppace@LifespanIntegration.com

Para cursos en España consultar www.integraciondelciclovital.com o contactar con info@integraciondelciclovital.com